Cabrona
y
Millonaria

D1708305

Cabrona y Millonaria

Adina Chelminsky

Diseño de portada: Vivian Cecilia González
Ilustración de portada: Alfredo Rodríguez/Illustration
Works/Getty Images
Diseño de interiores: Logos Editores
Ilustraciones de interiores: Miguel Ángel Chávez Villalpando

© 2009, Adina Chelminsky

Derechos reservados

© 2007, 2009, Editorial Planeta Mexicana, S.A. de C.V.
Bajo el sello editorial DIANA
Avenida Presidente Masarik núm. 111, 2o. piso
Colonia Chapultepec Morales
C.P. 11570 México, D.F.
www.editorialplaneta.com.mx

Primera edición: abril de 2009
Primera reimpresión: agosto de 2009
ISBN: 978-607-08-0038-2

Impreso en los talleres de Litográfica Ingramex, S.A. de C.V.
Centeno núm. 162, colonia Granjas Esmeralda, México, D.F.
Impreso y hecho en México – *Printed and made in Mexico*

Contenido

Para mi mamá, obviamente.

Mi agradecimiento a Daniel Mesino,
editor extraordinario,
sin él este libro no existiría.

◆ Definiciones esenciales

(Que no encontrarás en ningún
real diccionario de la lengua)

Cabrona: Adjetivo coloquial. Dícese de las
mujeres que son directas, perseverantes y que lu-
chan por lo que quieren hasta conseguirlo, sin
pretextos ni justificaciones. Se aplica a las fémi-
nas asertivas, valientes y seguras de sí mismas
que son congruentes entre lo que piensan, dicen
y hacen. Mujer que no se preocupa por lo que
es "políticamente correcto", sino por hacer lo
que es correcto para ella y punto. No pretende
ser perfecta, está consciente de sus fallas, pero
en vez de lamentarse por sus errores (bueno, después de algunos minutos de lágrimas en privado)
aprende de ellos y camina hacia adelante. Ama
incondicionalmente, pero nunca olvida ponerse a
ella misma primer lugar. Originalmente utilizado
como un insulto, el término *cabrona* es hoy, para

muchas mujeres, un verdadero código de honor, una forma de vida.

Millonaria: Adjetivo. Mujer que aprovecha su dinero al máximo, que tiene la visión y la ambición para pensar siempre, sin importar su situación actual, en un mejor futuro para ella y para la gente que la rodea. Mujer que mide su riqueza no sólo por la cantidad de dinero que tiene, en pesos y centavos, sino también por la seguridad, libertad y, obviamente, los placeres que el dinero le permite tener.

Cabrona y millonaria: Mujer que usa su inteligencia (véase definición de Cabrona) y toma las decisiones correctas (léase este libro) para sacar el mejor provecho de su dinero y hacerlo crecer al máximo. Mujer feliz porque tiene en sus manos el control de su vida financiera.

> *Algún día mi príncipe vendrá.*
> *A su castillo nos iremos,*
> *y seremos felices para siempre.*
>
> BLANCA NIEVES, 1937

◆ Introducción

De princesa en espera del príncipe
azul a Cabrona Millonaria

*L*a culpa de todo la tiene Walt Disney. Sí, Walt Disney. El hombre que, desde chiquitas, nos vendió a todas la idea de un príncipe azul rescatador y la fantasía de los finales felices para siempre... ¡Y vaya que se las compramos completitas!

Porque no importa si las mujeres del siglo xxi somos modernas, estudiadas, liberadas, trabajadoras e inteligentes, dentro de todas nosotras vive escondida, en algunas muy adentro y en otras más en la superficie, una damisela esperando ser rescatada. ¿Crees que esta aseveración es falsa, trillada y estereotípica? No lo es. Pregúntate y contesta honestamente: ¿cuántas veces, en medio de un problema grande o chico, no suspiras deseando que alguien más lo solucione por ti?

Sobra decir que el único que se volvió millonario creyendo en estas fantasías fue precisamente Walt. Para las mujeres, generaciones enteras en todo el mundo occidental, creer en ellas arruinó la relación que tenemos con el dinero.

Después de todo, si parto del ideal de que eventualmente seré rescatada, ¿para qué me preocupo por el mañana? ¿Para qué me rompo la cabeza con números y cuentas? ¿Qué importa si me sobreendeudo... si no sé hacer las cuentas de mi chequera... si no planeo para mi retiro? No importa cuál sea mi estado civil (casada, soltera, divorciada...), *algún día alguien más* solucionará estos asuntos por mí...o lo que es una fantasía peor, se resolverán por arte de magia.

Evidentemente, ésta es la causa de muchos finales infelices (deberíamos demandar a Disney por falsedad de declaraciones y decepción con alevosía y ventaja).

Porque más allá del reino mágico, vivimos en el país del aquí y del ahora, en donde no hay música de fondo, la vida es más práctica y menos romántica y el dinero desempeña un papel tanto o más importante que el amor. Puede ser que Blanca Nieves, Cenicienta y la Bella Durmiente estuvieran demasiado ocupadas buscando al príncipe ideal como para preocuparse por las "pequeñeces" de sus deudas o inversiones, pero para el resto de nosotras la realidad es completamente diferente:

En el mundo real:

- Muy pocas nos casamos con un príncipe azul o con su equivalente moderno, el millonario cosmopolita.
- Un número de mujeres cada vez mayor construimos una vida sin pareja, ya sea por elección o por las circunstancias de la vida.
- Independientemente de nuestro estado civil, las mujeres buscamos y necesitamos mayor independencia financiera.
- Los principales pleitos entre las parejas no se deben a problemas con la *suegrastra* (¡mucho peor que una madrastra!), sino a la mala manera en que manejamos el dinero y nos comunicamos en temas financieros.
- Por más que nos digan brujas, ninguna de nosotras tiene una bolita de cristal para predecir los cambios y reveses de la vida, en los que el dinero puede ser de muchísima ayuda.

En esta realidad, saber manejar nuestro dinero, mucho o poco (o mejor dicho, poco que se convertirá en mucho), ya no es una opción, es una necesidad. La idea de la damisela que es rescatada financieramente (y en otros sentidos) debe ser sustituida por una nueva "princesa", proactiva y asertiva en lo que al dinero se refiere: una Cabrona Millonaria.

El verdadero final financiero de los cuentos de hadas

Blanca Nieves: Mantener de por vida a siete enanos acostumbrados a vivir de cultivar diamantes, y todos ellos con tarjeta de crédito, acabó con la fortuna del príncipe (o qué, ¿creyeron que los enanitos le dieron refugio a Blanca Nieves sin esperar un pago futuro?). Hipotecaron el castillo justo antes de una crisis económica, no leyeron la letra pequeña del contrato y perdieron todo. Hoy tienen un pequeño huerto de manzanas orgánicas.

Cenicienta: El hada madrina le ofreció a la nueva pareja administrar sus inversiones ("los máximos rendimientos se obtienen con sólo decir bidibi badibi bu", les cantó). Como le tenían fe ciega, accedieron y nunca le pidieron cuentas sobre sus manejos (muy desvelados estaban ahora que por fin podían quedarse en las fiestas más allá de las doce campanadas). Una noche, como por arte de magia, el hada madrina desapareció con todo el dinero. El príncipe es zapatero, Cenicienta regresó al trabajo doméstico.

Bella Durmiente: ¿Seguro de gastos médicos? Siempre lo consideraron innecesario. Cuando las secuelas de cien años de sueño empezaron a darle problemas de salud a Aurora, (se quedaba dormida en todas partes) el costo de los gastos médicos los hizo caer en serias deudas. Pidieron prestado a las tres haditas y tuvieron que reducir al máximo los gastos (adiós a los vestidos que cambian de color). Empezaron los problemas de pareja, bien dice el dicho que cuando el dinero sale por la puerta, el amor salta por la ventana. Se rumora que el príncipe romancea a Maléfica (que, todo sea dicho, es guapa, asertiva, perseverante… una verdadera Cabrona).

La clave para ser Cabrona y Millonaria no tiene nada que ver con resolver ecuaciones matemáticas o con poder recitar números y cifras económicas. Se resume en una palabra: *control*.

◆ Tener el control de mi dinero para hacerlo crecer y tener más.
◆ Tener el control de mi dinero para conseguir y disfrutar lo que deseo.

◆ Tener el control de mi dinero para formar mejores relaciones con la gente que me rodea (mi pareja, mis amigos, mi familia).

Irónicamente, en un mundo en el que las mujeres hemos aprendido a tomar las riendas en muchos otros escenarios, desde la cama hasta la sala de consejo, vivimos en total descontrol de uno de los espacios más íntimos e importantes de todos: nuestra propia cartera.

Y no, no estoy en contra del descontrol en sí (sobre todo después de un par de copas de vino…), pero el descuido y la negligencia financiera no son ni atractivos ni placenteros, y te hacen despertar con una terrible cruda moral cada día. (Cruda Financiera: esas mañanas al despertar, o momentos de insomnio en la madrugada, cuando te entra la angustia al pensar cuánto debes o cómo %$@ vas a conseguir cosas que necesitas o quieres).

Así es que no importa si tienes 20, 50 u 80, si eres casada, soltera, divorciada o viuda (feliz o infelizmente), si te dedicas al hogar o si trabajas fuera de casa… Toda mujer puede, mejor dicho, debe ser Cabrona y Millonaria. Es posible y fácil, y con todo el respeto que Walt Disney se merece, es en realidad la única manera de tener finales felices en todo lo que haces todos los días de tu vida.

¿Estás lista? Sigue leyendo…

Razones por las que saber manejar
el dinero es fundamental para cada mujer

Elige una. Elige dos. Elige tu favorita. Todas son importantes.

Ganamos menos dinero que los hombres

Los porqués son muchos: interrumpimos nuestra vida profesional para dedicarnos al hogar (caso en el cual no ganamos dinero), trabajamos medio tiempo o ganamos menos dinero por realizar el mismo trabajo. La consecuencia es clara: si ganamos menos dinero, empezamos en desventaja. Podemos ahorrar menos y, por lo tanto, estamos menos protegidas y tenemos menor libertad financiera a lo largo de nuestra vida.

Vivimos más años que los hombres

El sexo débil es el sexo de larga vida. Vivimos más años que los hombres, lo que implica que vamos a vivir más años retiradas y más años en viudez.

Necesitamos mejores planes de retiro para poder vivir con dignidad, tranquilidad (y cirugía plástica) estos años "dorados".

El mundo financiero se complica cada día más

Hace una generación bastaba con saber hacer las cuentas de la chequera. Hoy tenemos que distinguir entre fondos de inversión, cientos de tarjetas de crédito diferentes, bancos, casas de bolsa, inversiones en línea. La variedad puede volver loca a la más cuerda. Además, los errores o malas decisiones son costosos y pueden tener consecuencias que nos acompañen por un largo tiempo.

No hay sólo *una mujer*

Ya no hay, si es que alguna vez lo hubo, un patrón de mujer tradicional/ideal. Cada una de nosotras define lo que considera ideal para *su* propia vida. En el campo de las finanzas personales debe ser lo mismo: no existe una receta de éxito única para todas las mujeres, cada una debe tener las armas para manejar el dinero de la manera que mejor aplique a *su* vida, sus decisiones y sus deseos.

Nada de seguir al pie de la letra lo que me recomiendan mis amigas… que por más exitosas que sean, son diferentes a mí.

La verdadera
"regla de oro":
Quien tiene el oro
Decide las reglas

Anónimo

◆ *Capítulo uno*

No puedes ser verdaderamente
Cabrona si no eres Millonaria... y viceversa

*S*uena un poco frívolo, pero es un hecho: la relación más larga que vas a tener en tu vida es con el dinero. Con el paso del tiempo, los hombres pueden ir y venir (algunos varias veces en la misma vida... otros no se van demasiado rápido... otros de plano nunca regresan), tus amigas también. Los hijos tarde o temprano encuentran su propio camino. Pero el dinero está siempre ahí, día tras día, en las buenas y en las malas (en el primer caso más que en el segundo), hasta que, literalmente, la muerte nos separe.

Es, a fin de cuentas, la única relación constante y perene que vamos a tener en la vida. Por eso es vital (y no uso esta palabra como exageración, sino como un hecho) darle la importancia que se merece. Parafraseando a Marilyn Monroe, "un beso es grandioso pero no paga la renta... todas perdemos nuestros encantos a fin de cuentas... el dinero es el mejor amigo de una mujer."

Y vaya que de dinero hablamos todas nosotras, el problema es que tenemos la conversación equivocada. ¿Quién es el hombre más rico de México? ¿Quién es el hombre más rico del mundo? ¿Cuánto dinero se gastó mi vecino en su nuevo coche? ¿Cuánto cuesta la nueva bolsa, el nuevo juguete, los nuevos zapatos?

Somos voyeristas financieras, nos gusta ver lo que hacen los otros. Nos da un placer enorme (rayando en lo sexual) hablar del dinero ajeno, de lo que compran los otros, de sus problemas de dinero... Pero rara vez volteamos la mirada hacia adentro, hacia lo que nosotras estamos haciendo, sea para bien o para mal. De dinero estamos acostumbradas a hablar en tercera persona (*él hace, ella tiene*), pero pocas veces en oraciones que comienzan con *yo*.

Empecemos por lo más obvio. Ni siquiera sabemos, bien a bien, cuál es el verdadero papel que el dinero juega en nuestra vida. Nuestro cerebro opera con base en dos visiones completamente diferentes que no alternamos entre sí, sino que participan al mismo tiempo (algo así como un angelito hablándonos sobre un hombro y un diablito aconsejándonos sobre el otro):

Visión 1. El dinero hace que el mundo gire. "El dinero es lo más importante en la vida. Por más que queramos negarlo, vivimos en un mundo en donde tooooodo está en venta. Quien dice que el dinero no compra la felicidad, o no tiene suficiente dinero o no sabe en dónde comprar." Ésta es la visión racional, la que gobierna el cerebro de *yuppies*, titanes corporativos y adictos al trabajo.

Visión 2 (mejor conocida como la visión Beatle). El dinero no compra el amor. "El dinero es simplemente un mal necesario sin verdadera importancia porque hay cosas (las más valiosas de la vida) que no puede comprar. A fin de cuentas, a nadie lo entierran con su dinero o con sus bienes materiales, lo único que somos y dejamos en el mundo son las relaciones humanas y éstas trascienden el dinero." Ésta es la visión emocional, la favorita de los amantes de la música de trova, de los enamorados y de los eternos adolescentes.

¿Cuál es la visión correcta? Ninguna. Para cada persona el dinero desempeña un papel diferente. Incluso para una misma persona la importancia del dinero cambia según los diferentes momentos de la vida. Generalmente, en los años de vacas flacas le damos más importancia a la parte racional del dinero (justamente porque lo necesitamos y no lo tenemos), mientras que en los años de vacas gordas nos podemos dar el lujo de observar y opinar sobre las emociones que nos genera la vida.

Ahora, el problema de manejar dos visiones en el mismo cerebro al mismo tiempo es que resulta un poco confuso. ¿A quién hacerle caso? ¿Con base en qué tomar decisiones? Pues con base en la única verdad que hay en torno al dinero: *puede ser que no compre las cosas más valiosas de la vida, pero sólo en la medida en que manejamos bien lo que tenemos, sin importar la cantidad, podemos realmente disfrutar de esas cosas.*

Saber manejar bien nuestro dinero no sólo nos da bienes materiales, también hace maravillas para nuestra autoestima y seguridad personal (y estoy segura de que en algunos años descubrirán que también sirve para arrugarse menos). Vivir angustiada o presionada por el dinero es, automáticamente, un freno para la vida. Como bien dice el dicho: puede ser que el dinero no compre la felicidad, pero tenerlo definitivamente ayuda a aligerar la tristeza.

El dinero como afrodisiaco

Dame una mujer en control de sus finanzas y te enseñaré una mujer más exitosa en su relación con los hombres; una mujer que es más atractiva y deseada en el momento de la conquista y a lo largo de toda la relación. Y no, no porque los hombres estén en busca de una mujer que los mantenga (ésos no son hombres, son primates), sino porque al estar en control de tu situación financiera te presentas de una manera distinta y mucho más apetecible.

Parte de lo que espanta a los hombres modernos al enfrentarse a una relación es justamente el aire de dependencia y desamparo financiero que proyectan ciertas mujeres (sin importar la cantidad real de dinero que ellas tengan). Los hombres se sienten avasallados por la responsabilidad (no, vivir con el paradigma del príncipe rescatador tampoco es fácil).

Saber manejar tu dinero te permite irradiar el claro mensaje de que estás buscando una relación por amor o por deseo (sea cual sea el caso), pero jamás por necesidad.

¿Qué viene primero, el huevo o la gallina? ¿Lo Cabrona o lo Millonaria?

Cuando mi editor me propuso la idea de este libro, me tomó menos de treinta segundos decirle que sí (nunca, con ningún hombre, me había visto tan fácil). ¡Cómo a nadie se le había ocurrido escribir un libro así cuando la liga entre ser Cabrona y ser Millonaria es tan lógica!

Las características de una mujer Cabrona y las armas necesarias para volverte Millonaria no son parecidas, ¡son idénticas! La actitud asertiva y proactiva que se requiere para vivir una vida plena y empoderada es, escrita en palabras más técnicas y ecuaciones más matemáticas, exactamente lo mismo que recomiendan los manuales de inversión y éxito financiero.

Y más allá de compartir las mismas características, son inseparables. No puede existir una sin la otra. Necesitas saber manejar tu dinero para tener auténtico control de tu vida, a la vez que necesitas actuar de manera fuerte e independiente para hacer crecer tu dinero al máximo. Son dos lados de la misma moneda:

Un lado de la moneda: no puedes ser Cabrona si no eres Millonaria

Una mujer independiente que no sabe manejar su dinero es como un coloso con pies de barro. Al parecer es invencible, pero es completamente vulnerable ante cualquier pequeña eventualidad. Puede aparentar fortaleza, seguridad, control e independencia, pero todo esto se queda en simples apariencias ya que a fin de cuentas es dependiente de algo (la tarjeta de crédito, la eternidad de su trabajo, de que la vida sea estática y sin sorpresas…) o de alguien (de su pareja, de sus padres…). La única manera de ser real y honestamente segura e independiente es teniendo control sobre el dinero para que todas tus decisiones y acciones sean tomadas con base en lo que quieres y no en lo que estás sujeta, directa o implícitamente, a hacer.

Otro lado de la moneda: No puedes ser Millonaria si no eres Cabrona

Una inversionista que no es inteligente, directa y segura es como un perro persiguiéndose la cola, vuelta y vuelta sin alcanzar nunca lo que quiere y sin llegar a ningún lado; puede parecer muy ocupado pero es poco efectivo en sus resultados. El no tener carácter y hacer todo con miedo a equivocarse es la receta perfecta para quedarse estática. En el mundo de hoy, la única manera de hacer crecer tu dinero al máximo es con información, fortaleza interna para tomar acciones contundentes, decisiones tajantes, riesgos controlados y, sobre todo, con confianza en ti misma.

Que te quede bien (¡pero bien!) claro, no importa cuál sea tu situación financiera hoy, si ganas más o menos de lo que te mereces, si tienes mucho o poco, si cometes varios o sólo algunos errores en el manejo de tu dinero. Toda mujer tiene en ella las armas para convertirse en Cabrona y Millonaria, para manejar mejor su dinero, tener mayor riqueza y hacer sus sueños realidad.

¿Egoísta yo? Sí, y a mucha honra

En el mundo de doble moral en el que la mayor parte de nosotras fuimos educadas (un esquema de valores azul y otro rosa), los mismos adjetivos y características que son bien vistos, e incluso deseados, para ser un hombre exitoso son considerados una maldición para las mujeres.

Un hombre ambicioso es la imagen de la tenacidad y la perseverancia; una mujer ambiciosa es considerada fría y calculadora (Lady MacBeth, por ejemplo). Un hombre autoritario es fuerte, una mujer autoritaria es castrante...

Lo mismo pasa con el egoísmo. Ser calificada como egoísta es uno de los peores insultos que le puedes hacer a una mujer, porque atenta contra la imagen de bondad y desinterés que asumimos como mandato divino.

Craso error. El egoísmo es una de las mejores virtudes que puedes tener. Por ti, por tu dinero y, aunque no lo creas, por el bienestar de la gente que te rodea. Ser egoísta implica pensar y hacer lo que es bueno para ti y para tu dinero antes de preocuparte por satisfacer las necesidades o conflictos de los demás. Tu bienestar financiero debe ser tu máxima prioridad.

¿Esto implica ser un ogro tacaño y desalmado? No. Muy por el contrario. En el momento en que piensas primero en lo que es bueno para ti y para tus intereses, puedes tomar mejores decisiones para ayudar con más inteligencia a la gente que te rodea.

Arriesgar o poner en peligro tu dinero por llenar las expectativas, prioridades o necesidades de los demás no es altruismo, es estupidez.

Tener el propósito de convertirte en Cabrona y Millonaria es una meta doble que consigues con la mitad del trabajo, algo así como comprar uno y llevarse dos por el mismo precio.

Estés donde estés parada, hayas cometido los errores que hayas cometido y cualesquiera que sean tus deseos materiales, el camino para obtener el control de tu dinero no está pavimentado de sermones motivacionales ("Tienes dentro de ti la luz para hacerlo".... ¡guácala!) ni de recetas de cocina ("Vamos todas juntas de la manita a pintarnos los labios y a invertir en fondos de inversión") ni de porras vacías ("Sí se puede, sí se puede..."). Simplemente depende de tener la actitud correcta y saber tomar las decisiones acertadas para ti, para tu situación y para cumplir tus objetivos.

Ni más ni menos.

Es mucho más sencillo que bajar de peso.

> *No soy yo,*
> *son mis genes.*
> MILES DE MUJERES EN TODO EL MUNDO
> CADA VEZ QUE SE SUBEN A LA BÁSCULA

◆ *Capítulo dos*

Tu metabolismo financiero

No importa cuán motivada, ansiosa o necesitada estés de convertirte en Millonaria, no llegarás a ninguna parte si no comprendes primero por qué manejas el dinero como lo has hecho hasta hoy.

Así como el cuerpo humano tiene un metabolismo –el proceso que transforma lo que comemos en energía– nuestro manejo del dinero también lo tiene. El metabolismo financiero es la manera en que convertimos el dinero que recibimos en riqueza.

Puede parecer redundante, ¿acaso no todo el dinero que llega a mis manos es automáticamente parte de mi riqueza? No necesariamente. Si los billetes, monedas, depósitos bancarios o cheques que obtienes son mal utilizados o desperdiciados

–por ejemplo, si se te va el dinero es pagar deudas pasadas o en comprar maravillas-de-5-minutos (objetos que sientes que te mueres si no los tienes, pero cinco minutos después de comprarlos te preguntas por qué lo hiciste–) entonces todo el dinero del mundo se quedará simplemente en dinero, jamás será riqueza.

Por el contrario, si tu dinero es utilizado para mejorar tu situación presente, para anticipar el futuro, para dar más valor a tu vida o para protegerte, entonces estás convirtiendo el dinero en riqueza.

Sería imposible esperar que cada centavo fuera destinado 100% a decisiones virtuosas y 0% al placer. Así no funciona la vida… o por lo menos, sería terriblemente solitaria y aburrida. Es innegable que a veces el dinero es simplemente eso, dinero para disfrutar el momento. El problema es cuando todo o la mayor parte de tu dinero se utiliza sin provecho.

Tu metabolismo financiero determina tres cosas. Primero, la manera en la que le das sentido y permanencia al dinero, o sea tu nivel de riqueza; segundo, la forma y la inteligencia con que resuelves tus problemas monetarios; y, por último, el grado en el que asimilas y aprendes de los errores que cometes para evitar caer en ellos una y otra vez.

La biología de tu dinero

¿De qué depende que tengas el metabolismo financiero que tienes?

Tú DNA financiero. Hay una parte innata en la manera en que manejas el dinero. Hay personas que son naturalmente ahorradoras, hay quienes son más arriesgadas y hay otras que nacen con una mayor facilidad e interés hacia todo lo que tiene que ver con la plata.

La situación financiera en la que creciste. Lo que viste y viviste en torno al dinero y a su efecto: carestía o abundancia en casa, variaciones en la situación financiera del hogar (a veces tener mucho y a veces tener poco), pleitos de dinero entre los padres, tener más o menos dinero que tu círculo social, los límites monetarios que te imponían.

Los ejemplos no verbales con los que creciste. Una acción vale más que mil palabras. Aprendemos por lo que vemos, sobre todo si es incongruente con lo que nos dicen: angustia de los padres por problemas de dinero; mentirillas, blancas o dolosas, en torno al dinero ("No le digas a tú papá que lo compré"); amenazas de condicionar el dinero ante cierta conducta.

Como sucede con todos los metabolismos, hay algunos que funcionan mejor que otros (no, aquí nadie se va a pesar en una báscula pública). Hay unos más lentos, a los que les cuesta más trabajo transformar el dinero en riqueza, ya sea porque están atrofiados por falta de uso, porque reciben los estímulos incorrectos o porque están acostumbrados a actuar de una manera que puede haber sido correcta en el pasado pero que ya no corresponde a tu vida actual (por ejemplo, antes tenías más dinero y hoy, en medio de una crisis, sigues tomando las mismas decisiones).

Hay otros metabolismos financieros que funcionan con mayor rapidez, ya sea porque se ejercitan más, porque reciben las instrucciones correctas o porque se adaptan mejor a los cambios que se presentan a lo largo de la vida.

Tener un metabolismo financiero lento no sólo te hace menos rica en pesos, centavos y bienes materiales, también es frustrante y cansado. Es luchar contra la corriente porque mientras por un lado, estás dispuesta y preparada para ser rica, por el otro, la manera en que actúas te sabotea y te mete el pie para que te tropieces.

Si no aprendes a acelerar tu metabolismo financiero, ni el mejor plan, ni el mejor libro, ni el mejor asesor, ni las mejores veladoras y oraciones van a hacer que las cosas funcionen como tú deseas.

Test metabólico
(sin sacarte una sola gota de sangre)

	Siempre	A veces	Nunca
El efectivo te quema las bolsas: si sales de casa con la cartera llena probablemente regreses con la cartera casi vacía. Sudas cada vez que se acerca el fin de mes o de la quincena porque ya no tienes ni un quinto.			
Eres la mejor clienta de tus amigas (y no tan amigas) que deciden vender joyería, pasteles, suplementos alimenticios...			
Si ves algo en barata, lo compras "por si" lo llegaras a necesitar.			
Te da pena decir que no cuando una persona te pide dinero prestado o un donativo (aun cuando no quieres hacerlo).			
Sabes, desde hace tiempo, que tienes que hacer un cambio en tu vida financiera, pero cada día dices mañana... mañana... mañana.			
Pones excusas (a ti o a otros) sobre lo que compras, lo que debes, lo que no ahorras...			
Tropiezas una y otra vez con los mismos errores financieros (deudas de más, cheques devueltos, compras innecesarias), aunque juras y perjuras que vas a cambiar.			
Cada vez que llega el estado de cuenta de tu tarjeta de crédito, la cantidad te toma por sorpresa.			

Eres más fácil para los créditos que para los hombres. Cada vez que te ofrecen uno dices que sí.			
Si vas a alguna institución financiera aceptas automáticamente lo que te ofrecen (después de todo, ellos son los expertos... y tú no sabes nada).			
Compras cosas que no puedes costear sólo porque está presente alguien más y no quieres quedar mal.			
No entiendes por qué, en cuestión de dinero, las cosas no funcionan como a ti te gustaría que funcionen.			

¿Cuál es la columna con más respuestas marcadas?

Siempre = Metabolismo dormido. Vives agotada sin obtener nada a cambio. De la misma manera, todo el dinero que ganas o que obtienes desaparece sin que tu situación financiera mejore. Probablemente sientes que todo mundo tiene mayor nivel de energía y mayor riqueza que tú; piensas o percibes que tus amigas o colegas, que están en una situación similar a la tuya, viven mejor y más tranquilas, quizá con la misma cantidad de dinero. Lo que es peor, cuando enfrentas alguna eventualidad que golpea tus finanzas, no sólo te detienes sino que empiezas a ir para atrás. Es inminente que empieces a actuar y a cambiar la forma en que manejas el dinero antes de que te quedes sin aliento (y quebrada).

A veces = Metabolismo en proceso. Como la mayor parte de las mujeres, tu metabolismo tiene sus días (y no, no me refiero a tu ciclo menstrual). En algunos momentos está funcionando perfectamente, tu condición es óptima y manejas tus finanzas de maravilla... pero en otros te cuesta trabajo tan sólo pensar en abrocharte las agujetas y tu vida financiera entra en un terrible letargo en el que parece que todo te sale mal. A tu metabolismo financiero le cuesta trabajo adaptarse a las situaciones o problemas que se salen de la cotidianidad. Tu énfasis debe estar en aprovechar lo que ya haces bien y aprender a resolver lo que todavía te falla para mantener el buen ritmo y alcanzar tus metas lo más rápido posible.

Nunca = Metabolismo en forma. Tu metabolismo es lo más eficiente que hay, logra transformar la mayor parte de tu dinero en riqueza sin mucho esfuerzo; está en óptima condición, por lo que, al parecer automáticamente, resuelve y acomoda cualquier evento financiero inesperado. Esto no quiere decir que tu metabolismo sea perfecto (hasta el mejor atleta tiene algunas carreras malas), pero es un hecho que sabes tomar buenas decisiones y adaptar tu cartera a las diferentes circunstancias de la vida. Aun así, siempre es bueno mantenerse en "entrenamiento" (¡o sea que no te salvas de leer este libro!) para corregir los detalles que puedes estar haciendo mal, proponerte metas más ambiciosas y llegar mucho más lejos, mucho más rápido.

A diferencia del cuerpo humano, el metabolismo financiero no es destino. Si hasta hoy tu metabolismo ha sido lento, o más lento de lo que quieres, lo puedes cambiar. No estás condenada a una vida de dieta monetaria sin resultados ("Me privo de todo lo que quiero pero igual no llego a ninguna parte") o con rebote ("Hoy resuelvo mis problemas pero mañana regreso a las deudas").

Cada una de nosotras puede acelerar su metabolismo de manera permanente para lograr transformar el dinero en verdadera riqueza. Sin contar calorías (digo, pesos y centavos), sin anfetaminas, sin fajas reductivas ni ejercicios extenuantes...

El metabolismo financiero se acelera, antes que nada, con información.

Dinero: El último tabú del siglo XXI

Sexo, sabemos o tenemos a quién preguntar. Drogas, sabemos o tenemos a quién preguntar. Problemas de alimentación, sabemos o tenemos a quién preguntar... De dinero ni sabemos ni tenemos a quién preguntar.

¿Por qué somos analfabetas financieras? Porque nuestras fuentes tradicionales de información nunca nos dicen nada de dinero:

En la escuela... Están más ocupados enseñándonos a memorizar las leyes de física o silogismos en latín que a aprender cómo manejar un crédito.

En casa... Tus padres –malos o buenos, eso es tema para el psicoanalista– probablemente tampoco te hablaron sobre la importancia del dinero.

Con tus amigas... Compartimos quejas, pero rara vez encontramos juntas soluciones.

En las instituciones financieras... "Nunca le preguntes a un peluquero si necesitas corte de pelo".* La información que nos dan cuida más sus ingresos que nuestros intereses.

En los medios... Hay tanta información que nos aturde y confunde. Además, la mayor parte está dedicada a analizar las grandes fortunas empresariales, no los centavos de la gente común y (nada) corriente.

---

* Frase del famosísimo y millonarísimo (y probablemente cabronsísimo) inversionista Warren Buffett.

> *Lo que no sabes
> te puede lastimar.*
> CANCIÓN DEL GRUPO EXPOSÉ, 1988

◆ *Capítulo tres*

Aeróbicos para tu cartera

*A*sí como el metabolismo del cuerpo necesita de ejercicio aeróbico para volverse más eficiente, tu metabolismo financiero necesita ejercicio para destrabarse y empezar a funcionar con éxito.

No, no es cuestión de dedicarle 30 minutos al día, sino simplemente de memorizar una frase (y si es posible, repetírtela enfrente del espejo una vez al día):

Información es poder

Ésta es la regla básica del éxito en cualquier campo de tu vida.

Información es poder en cuestiones de salud. Información es poder en la belleza. Información es poder en tu relación con los hombres. Información es poder cuando estás tratando de escalar en el mundo corporativo. Información es poder en la política (¿por qué crees que el espionaje es la segunda profesión más antigua del mundo?).

Y es justamente la *información* lo que te va a permitir hacer crecer tu dinero al máximo; lo que va a hacer que un "metabolismo financiero" que se dedica a quemar todo el dinero que le llega sin darte ningún beneficio ("¿¡En dónde ha quedado todo el dinero que he ganado en mi vida?!") se convierta en un metabolismo que genere riqueza monetaria, tranquilidad espiritual y placer.

Podrás estar pensando: "Pero si estoy rodeada de información financiera y aun así mi vida financiera es un desastre…"

Es cierto, vivimos en un mundo en el que la información financiera parece reproducirse por generación espontánea. Hacia donde volteemos –periódicos, revistas, internet, espectaculares en la calle y panfletos de los bancos– hay "información" sobre lo que pasa en el mundo del dinero. El tipo de cambio, las tasas de interés, el precio del petróleo… El problema es que ésta no es información útil. Todos esos datos, números y opiniones que nos rodean son simplemente ruido, información vacía que no entendemos, que no es muy necesaria y que simplemente nos confunde y aturde.

La información sólo es poder cuando
te permite tomar decisiones.

De nada sirve tener almacenados millones de datos sobre el movimiento del euro, los precios futuros del peso y los cierres de la bolsa de valores... De nada sirve conocer toda la teoría sobre economía e inversiones... De nada sirve saberse de memoria la lista de los hombres más millonarios del mundo (salvo por saber quiénes están solteros y qué es lo que les gusta hacer en su tiempo libre)... Si no es información que te permita actuar, entonces no la necesitas.

Es más, la información que necesitas para volverte Millonaria no está en los periódicos financieros ni en los libros de economía. Está justo enfrente de ti: son los datos que te permiten conocer tu situación financiera. Exactos y sin maquillaje.

Tener información sobre lo que pasa en tu cartera y en tu mente es mil veces más importante que la opinión de un experto con doctorado y pipa. Saber qué es lo que estás haciendo con tus pesos y centavos es mucho más importante que preocuparte por saber lo que está pasando con las arcas millonarias de la nación.

El problema es que así como la información sobre el dólar, la bolsa, las tasas de interés y la economía abunda, la información que cada una de nosotras tiene sobre su situación financiera

privada y personal es poca, si no es que inexisten-
te. Es más fácil ver la paja en la cartera ajena que
la viga en las finanzas propias.

Puede parecerte innecesario analizar "tu información personal". Después de todo, ¿cómo vas a
conocer tu situación financiera si eres tú quien la
vive todos los días?

En serio, ¿realmente te conoces bien? Pregúntate esto (y sé honesta al contestarte):

- ¿Cuánto gastas al mes? No en aproximados o
  en frases, en pesos y centavos.
- ¿Cuánto debes? No vale contestar mucho o
  poco. ¡¡Cuánto!?
- ¿Qué es lo que quieres hacer con tu dinero?
  No, aquí no es cuestión de sueños y fantasías. Tus planes concretos... ¿Cuánto van a
  costarte?
- ¿Tienes las respuestas?

Tu metabolismo financiero está atrofiado porque
no está ejercitando el músculo del auto-conoci-
miento. Tu debilidad monetaria no radica en que
estés ganando poco, gastando demasiado o aho-
gándote en deudas (ésas son las consecuencias, no
las causas del problema), sino en que no conoces
la información real sobre tu situación financiera.

Que quede claro, el dólar podrá estar caro o
barato, las tasas de interés podrán subir o bajar, la

economía del país podrá crecer o estancarse. Eso es secundario. Tú vas a empezar a ser Millonaria el día en que te conozcas financieramente y tengas perfectamente bien ubicada cuál es tu situación.

Uno, dos, arriba, abajo... saca lápiz y papel

Para que tu metabolismo financiero empiece a trabajar como se debe, necesitas alimentarlo con la información sobre tu vida financiera.

Unos cuantos cálculos y números (pocos y sencillos) van a marcar la diferencia entre el antes (insertar aquí la imagen mental de tu vida hoy en día) y el después (insertar aquí la imagen mental de tu vida siendo Cabrona y Millonaria).

Puede que sudes un poco. No es fácil empezar a ejercitar el metabolismo financiero, pero aguanta, son en verdad pocos números. Procura nada más mantenerte bien hidratada (omite el agua o las bebidas electrolíticas, una copita de vino mientras haces cuentas te puede ayudar a no desfallecer, ¡pero sólo una!).

No lo *dejes en tu mente*

Las ideas que dejas en tú cerebro son pura teoría enrollada. Lo que está escrito enfrente de tus ojos son datos concretos que te permiten actuar.

Al bajar las cosas al papel (o a un archivo de la computadora) organizas mejor lo que necesitas saber, recuerdas datos que has omitido (ya sea por equivocación o porque tu inconsciente quiere olvidarlos), haces mejores cálculos matemáticos (a menos que seas un genio) y, lo más importante, llevas un registro de cómo va mejorando tu vida... y cuando seas riquísima y famosísima podrás darle referencias concretas de "aquellos tiempos cuando empecé" a quien escriba tu biografía.

Músculos que necesitas ejercitar para acelerar tu metabolismo financiero

- El músculo de la realidad financiera, mejor conocido como el músculo del presente.
- El músculo de tus deseos financieros, mejor conocido como el músculo del futuro.

Ejercicio 1: Dónde estás hoy

Cada cabeza es un mundo, cada cartera también. Para ser Millonaria necesitas empezar a ejercitar el músculo de tu realidad financiera; tienes que saber exactamente cuál es tu situación, en dónde estás parada (¡o cómo es que estás parada!). Así puedes distinguir cuáles son tus fuerzas y cuáles tus debilidades.

Cuánto ganas

Puede parecer una pregunta de respuesta automática. Y si tienes sólo una entrada de dinero, como un sueldo fijo, lo es (nada más acuérdate de restar lo que pagas de impuestos y de otras deducciones que le hagan a tu salario). Pero para muchas mujeres no es tan fácil de contestar, ya sea porque tienen diversos ingresos (por el trabajo, por arreglos de divorcio, por intereses, por seguros de desempleo) o porque las entradas de dinero de su trabajo no son regulares y fijas mes a mes.

Para tener un número exacto de cuánto ganas, llena la siguiente tabla (si vives en pareja tienes dos opciones para este y los ejercicios que siguen: hacerlos por tu cuenta o llenarlos en conjunto).

Ingreso	Periodicidad	Cantidad	Cantidad ajustada
En esta columna incluye tus traba-jos, bonos o aguinaldos, manutenciones o ayudas, dinero que recibas por inversiones. TODO NETO, o sea después de impuestos y deducciones.	¿Cada cuando recibes cada uno de los pagos? Semanal Quincenal Mensual Bimestral Irregular	¿Cuánto recibes cada vez que te "pagan"? Para calcular los pagos irregu-lares, fíjate en lo que ganaste los últimos seis meses, elimina el mes que más hayas ganado y el mes que menos hayas ganado. Suma el resto de los meses y divide entre 4.	Multiplica y divide si tu pago es: • Semanal x52/12 • Quincenal x26/12 • Mensual tal cual • Bimestral / 2 • Irregular la misma cantidad de la columna anterior
Mi trabajo	Quincenal	$3 000 a la quincena	$6 500
Venta de pasteles	Irregular	Últimos seis meses 500 + 450 + 300 + 0 + 200 + 430 = xxxx / 6 = $345	$345
Ayuda de mi ex marido	Mensual	$2 000 al mes	$2 000
Total (suma de las cantidades ajustadas)			$8 845

Ésa es la cantidad de la que dispones al mes. Punto. Ni más ni menos. A todas nos gustaría que fuera más... Pero independientemente de tu opinión sobre el total, ya conoces tu punto de partida.

Cuánto gastas

Así como saber lo que ganas es relativamente fácil, saber lo que gastas será probablemente la mayor sorpresa de tu vida financiera. Pocas, muy pocas mujeres saben con exactitud lo que gastan cada mes. El resto vivimos con base en aproximaciones y oraciones ("Dios mío, te suplico que no se me sobregire la chequera").

Para saber cuánto (o mejor dicho ¡cuáaaaaaaanto!) dinero gastas al mes, haz el siguiente ejercicio:

Durante 30 días seguidos (¡no es tanto tiempo! Piensa en lo endiabladamente poco que parece durar cada ciclo menstrual), apunta en una pequeña libreta cada centavo que salga de tu bolsa. No importa si es un peso o son mil, si lo pagas en efectivo o lo firmas con tu tarjeta de crédito, si es un gasto que haces físicamente o es un pago que se carga automáticamente a tu tarjeta de crédito (hablando de crédito, incluye también los intereses que estás pagando).

Semana 1		Semana 2		Semana 3		Semana 4	
Gasto	$	Gasto	$	Gasto	$	Gasto	$
Crédito de auto	500	Mercado	329	Mercado	200	Mercado	300
Renta	1 000	Luz	300	Agua	100	Salón de Belleza	500
Super	500	Teléfono	300	Celular	300	Arreglo Lavadora	546
Gasolina	200	Doctor	546	Intereses de la tarjeta	2 250	Cafés y Snacks	214
Cena	500	Ropa	1 000	Cena	487		
Cafés y Snaks	150	Cafés y Snaks	150	Cafés y Snacks	150		

Al terminar los 30 días, suma los gastos y acomódalos, sigue el ejemplo del cuadro de la página siguiente.

De seguro te saltará a la vista (si no es que te deja sin respiración) la cantidad que gastas en ciertas cosas sin darte cuenta. Perfecto. Guarda este shock para el próximo capítulo.

	Incluye aquí...	*Total*
Casa	Hipoteca/renta, mantenimiento, gas, luz (bimestral /2), teléfono, TV por cable, internet, servicio doméstico...	$2 000
Alimentos	Super, mercado y cualquier otra compra de comida para la casa.	$1 329
Transporte	Créditos de los autos, gasolina, peaje de carreteras, transporte público, estacionamiento, valet parking.	$734
Hijos	Colegiatura, clases, terapia, útiles, médico/dentista, ropa, dinero semanal, guardería, etcétera.	$0
Gastos personales de los adultos	Lo que gastas en tú persona. Salón de belleza, spa, gimnasio, celular, ropa, zapatos, tintorería, cursos, libros y revistas... Los equivalentes de tu pareja si la lista es conjunta.	$1 500
Diversión	Restaurantes, cine, teatro, bares, apuestas, y todo lo que consideres parte de tu entretenimiento (incluye los regalos que das).	$987
Gastos financieros	Pago de intereses o de deudas, compras antiguas de meses sin intereses que sigas pagando, comisiones de la tarjeta de crédito o chequera, pagos al contador...	$2 250
Gastos eventuales	Gastos extraordinarios que no haces mes a mes, arreglos de la casa o del coche, por ejemplo. Doctores también.	$546
Gastos centaveros	Propinas, snack, chicles... Todo gasto "insignificante".	$664
	Total (suma de las cantidades)	$10 010

Cuánto ahorras

Saberlo es fácil, haz una resta.

Cuánto ganas	Cuánto gastas	Ahorro
El resultado de la primera tabla	El resultado de la segunda tabla	Cuánto ganas MENOS cuánto gastas
$8 845	$10 010	Negativo $1 165

Esta cantidad debe ser similar a lo que en realidad estás guardando al mes. Si el número es negativo es porque estás incrementando tus deudas (probablemente la tarjeta de crédito te esté echando una ayudadita). Si la cantidad está completamente alejada de la realidad, revisa las tablas de ingreso y gasto. Algo estás olvidando... o queriendo olvidar.

No todo es regular (como si necesitáramos recordarlo)

Hay ciertos gastos e ingresos que realizamos/recibimos una o pocas veces al año, esperados o inesperados. Como puedes ver, no están incluidos en la contabilidad anterior. No por omisión, sino porque deforman un poco la visión que le damos a la situación general (el mes en que recibes tu aguinaldo te calificas punto menos que Midas, pero el mes en que tienes que pagar las inscripciones de la escuela quieres llorar).

En los ingresos irregulares más comunes están el aguinaldo, los bonos anuales o dinero que recibas por regalos. Los gastos anuales pueden ser impuestos, inscripciones, suscripciones, cuotas de clubes, primas de seguros, vacaciones, etcétera.

¿Cómo manejarlos? Lo ideal sería que empates los meses en los que recibes dinero extra con los gastos fuertes que tengas que hacer. Por ejemplo, si recibes tu bono anual en enero, salda inscripciones y prediales ese mes o guarda una parte de esos ingresos extraordinarios exclusivamente para esos pagos.

Otra opción es hacer un cálculo de lo que piensas recibir y gastar anualmente en este tipo de ingresos/gastos (dividirlo entre 12) y agregar el total a tu lista de ingresos y a la de gastos, respectivamente. Si la suma de tus gastos irregulares es de $12 000 al año, agrega $1 000 a tu presupuesto mensual y ajusta tus ingresos para cubrir estos gastos poco a poco (por ejemplo, muchas escuelas te dejan dividir la reinscripción de tus hijos en pagos mensuales, o puedes ir abonando la cuota anual del gimnasio en plazos bimestrales.

Cuánto debes

Segundo punto, *¡glup!*: Las deudas. Razón de pesadillas, ansiolíticos, antiácidos y culpas varias. Cierra los ojos y empieza a hacer cuentas (bueno, no cierres los ojos, los necesitarás para escribir).

Deuda	Saldo	Pago mínimo	Pago actual	Tasa de interés	Estoy al corriente
El tipo de deuda y en qué institución está. Incluye: hipotecas, tarjetas de crédito, compras a crédito, préstamos de nómina, créditos de auto y deudas a familiares (y todos los otros créditos que debas).	Cuánto debo en total, incluyendo intereses atrasados.	Cuánto es lo que tienes que pagar *por lo menos* cada mes (según lo que pactaste a la hora de contratar el crédito).	Cuánto es lo que *realmente* estás pagando cada mes (promedio).	Qué tanto te está costando el crédito. Si es posible, en vez de la tasa de interés utiliza el costo anual total (CAT).*	Sí o no.
Hipoteca en el banco (x)	$100 000	$1 000	$1 000	15%	Sí
Crédito de nómina (y)	$6 000	$350	$200	18%	No
Tarjeta de crédito bancaria	$28 000	$840	$840	75%	Sí

Tarjeta de crédito de tienda departamental	$25 000	$1 250	$210	55%	No
Préstamo de mi papá	$30 000	$1 000 Lo que prometí	$0	0% No me cobra, pero ¡debo cumplir!	No
Totales (sumas)	$189 000	$4 440	$2 250		

* El CAT o costo anual total es lo que realmente estás pagando por tus deudas y créditos. No es un número que tengas que calcular. Por ley, el CAT de cada uno de tus créditos debe estar mencionado en los estados de cuenta y propuestas de los préstamos. Búscalo generalmente en la "letra chiquita".

Ojo: El pago que haces realmente debe ser igual a lo que incluiste en tu lista de gastos como gastos financieros.

Cuánto tienes

Estemos de acuerdo o no por juzgarnos con base en lo que tenemos, es un hecho que debemos saber cuánto tenemos. Qué tengo a mi nombre.

Simplemente suma el valor de todos los bienes que son tuyos, desde dinero guardado debajo del colchón hasta la casa que acabas de comprar.

Si estás pagando algunas de tus cosas porque las compraste a crédito y no las has acabado de saldar, también inclúyelas en la lista (¡son tuyas después de todo!).

Dinero en efectivo (guardado o escondido)	$4 000
Dinero en el banco o inversiones	$15 000
Planes de retiro (míos o que me da la empresa)	$0
Casas (al precio en que la podrías vender, objetivamente)	$100 000
Automóviles (al precio en que los podrías vender, objetivamente)	$50 000
Otros objetos de valor (y mucho ojo, de valor comercial, no de valor sentimental)	$0
Total (suma)	$169 000

Qué tan preparada estás
para enfrentar un revés en la vida

Se acabaron los números. Aquí sólo es cuestión de contestar sí o no:

¿Tienes lo siguiente?	Sí o No
Testamento o fideicomiso testamentario	No
Seguro de gastos médicos (si es que no cuentas con seguro de salud público)	Si
Seguro de vida	No
Seguros de bienes (coches, casa)	No
Ahorros para tu retiro (obligatorios, como Afore, o adicionales)	No
Ahorros para la universidad de tus hijos	No
Una cuenta de ahorros para usarse en caso de emergencia	No

Ésta es tu realidad financiera. El hoy. Para bien o para mal. Guarda tus respuestas y tus espantos. Los utilizarás más adelante. Vamos al siguiente ejercicio...

Alto. Detente. Deja de leer...
¿Realmente estás haciendo
estos ejercicios? O sólo los estás leyendo
superficialmente e imaginándote los números
mientras te haces manicura...
No seas floja ni miedosa.
Si quieres ser realmente
Cabrona y verdaderamente
Millonaria,
¡HAZLOS!

Ejercicio 2: A dónde quieres llegar

Ya ejercitaste tu realidad financiera, ahora es momento de empezar a flexionar el músculo de tus deseos, de lo que quieres lograr con tu dinero. Este ejercicio requiere menos números y cálculos, pero no por eso es menos importante.

Visualiza tu futuro o, puesto que nadie tiene el don de la adivinación, cómo te gustaría que fuera tu futuro financiero. Pregúntate qué es lo que quieres lograr con tu dinero el próximo año, en cinco, en quince. Dónde quieres estar parada en unos años suspirando con nostalgia por el pasado (siempre hablamos del pasado con nostalgia, no importa cuán difícil haya sido), pero viéndote en el espejo igualmente joven (o más) y mucho más rica.

Esto no es un asunto de motivación emocional, es cuestión de simple geografía. Si no sabes hacia dónde quieres ir, no hay poder divino que te lleve hacia allá. No hay vientos a favor para las que no conocen su destino. Sólo si sabes lo que quieres puedes formular un plan, una estrategia, que te permita llegar ahí.

Ahora, no basta con soñar (esos sueños de opio que todos tenemos varias veces al día). Es cuestión de aterrizar los sueños y convertirlos en objetivos y metas. Para convertir un deseo financiero en realidad contante y sonante, tienes que considerar lo siguiente:

- *Pocos y buenos.* No más de cinco para no perder el enfoque. Una vez que consigas éstos te planteas otros cinco más.

- *De todo un poco.* No todo puede estar enfocado a cosas profundas y de largo plazo (retirarme en 35 años) ni todo puede estar pensado en el placer de corto plazo.

- *Con un toque de realidad.* No es cuestión de ser poco ambiciosa, pero necesitas ubicarlos en el campo de lo posible (el tema de sacarse la lotería viene más adelante). Si hoy estás prácticamente quebrada, es un poco difícil pensar en comprar una casa de contado en seis meses.

- *Entre más específicos, mejor.* Si puedes apuntar el costo aproximado, mucho mejor.

- *Con límite de tiempo.* No se trata de pensar en algúuuuuun día (esos nuuuuunca llegan). Define qué día los quieres conseguir.

Qué	Cuándo	Cuánto
1. Cambiar mi coche	En 24 meses	$200 000
2. Irme de viaje a Europa	En 12 meses	$50 000
3. Empezar a ahorrar para mi retiro	En 30 años	$1 000 000
4. Pagar todas mis deudas	En 12 meses	$189 000
5. Una bolsa marca x	En 6 meses	$10 000

Ejercicios acabados. Respira hondo… Suelta el aire… Vuelve a respirar hondo… Límpiate el sudor… Puede ser que estés sorprendida de lo que aprendiste de ti misma y de tu dinero… Ahora tienes la información en tus manos… ¿Te sientes distinta? ¿Más motivada? ¿Con más planes?… Ese ruido raro que oyes en tu cabeza y que te está empezando a cosquillear por todo el cuerpo no es un virus, es tu metabolismo financiero que está empezando a trabajar a su máxima potencia.

*La única manera
de no preocuparse por el dinero
es teniendo mucho dinero.*

EDITH WHARTON

◆ *Capítulo cuatro*

Las reglas

"*Soy* mujer, óyeme rugir… Soy fuerte, soy invencible, soy mujer." Éste era el himno de las mujeres que lucharon por la liberación femenina en la década de los setenta (quienes, dicho sea de paso, son las madres culturales de las Cabronas de hoy en día, ya que sentaron las bases para volvernos fuertes y asertivas… aun cuando estuvieran muy equivocadas al promover el no usar brasier. Una puede ser una reverenda Cabrona, pero las chichis siempre tienen que estar en su lugar).

De la misma manera, tu metabolismo financiero está comenzando a rugir, a fortalecerse, a hacerse invencible, y te está empezando a convertir en Millonaria. Tener la información sobre tu vida financiera te da el poder y la fuerza para transformarla.

Tu metabolismo financiero está encendido al máximo. Ahora hay que empezar a moverlo hacia adelante para que logre transportarte desde el punto en donde estás parada hoy (tu situación financiera actual) hasta el punto en el que realmente te mereces estar y en el que te visualizas (cumplir tus metas y objetivos de corto, mediano y largo plazo).

Existe aquí un pequeño detalle que puede convertirse en problema: el autosabotaje.

¡Y vaya si las mujeres somos expertas en meternos el pie solitas! Podríamos ponerlo como deporte olímpico. Casi puedo escuchar la voz de cualquier comentarista deportivo narrando la hazaña: "Ahí va la corredora camino a conseguir la casa de sus sueños. Quiere ser Millonaria, corre como un rayo, está a punto de llegar a la meta. Pero, ¿qué pasa? El pie derecho se le mete enfrente del izquierdo, se tambalea y se cae. ¡Lástima! Quizá consiga ser Millonaria en su próxima vida".

Con mucha frecuencia hacemos planes para conseguir un objetivo, pero actuamos de una manera tan diametralmente distinta que nos caemos de boca sin haber avanzado ni un solo centímetro.

Aun con las mejores y más grandes intenciones, son nuestras acciones y actitudes pequeñas y cotidianas las que evitan que alcancemos nuestras metas.

Puedes tener la máxima motivación y entrega para convertirte en una Cabrona y Millonaria, incluso puedes tener toda la información sobre tu situación y tus planes financieros (lo que vimos en el capítulo anterior); pero si sigues manejando el dinero como lo has hecho hasta ahora (la manera en que usas tu tarjeta de crédito, en que ahorras, en que gastas...), va a ser muy difícil que conviertas tus planes en realidad. Vas a estar dando vueltas alrededor de los mismos problemas, tropezando con las mismas piedras, y te vas a quedar en el eterno lamento de "Es que me hubiera gustado..."

Que quede claro: nadie autosabotea su metabolismo financiero de manera consciente o a propósito. A nadie le gusta vivir entre deudas y angustias o sin poder conseguir lo que quiere. No es que seamos víctimas o masoquistas, lo que pasa es que la manera en que estamos acostumbradas a tratar y a manejar el dinero– y que hemos utilizado por veinte, treinta, cuarenta o más años– es difícil de cambiar de un día para otro. SOBRE TODO SI NO SABEMOS QUÉ ES LO QUE TENEMOS QUE CAMBIAR.

Seguir actuando de la misma manera que te llevó a la situación poco óptima que hoy estás tratando de cambiar, sabotea tus planes de riqueza. Por más acelerado que esté hoy tu metabolismo financiero, si recaes en tus viejos hábitos y pecadillos poco a poco vas a empezar a frenarlo y a hacerlo menos eficiente.

Mantener tu condición olímpica

Un metabolismo financiero acelerado necesita complementarse con ciertas reglas que lo mantengan fuerte y al día. Algo así como comer cada cuatro horas para mantener al cuerpo quemando grasa todo el día (algo que recomiendan todos los nutriólogos pero que a mí jamás me ha funcionado, tal vez porque cada cuatro horas decido entre comerme una caja de galletas Oreo o una pasta con cuatro quesos).

No hay uno sin el otro. La información que recabaste para conocer tu situación financiera es la *teoría* (el *qué* quieres conseguir con tu dinero); las reglas son la *práctica*, (el *cómo* lo vas a lograr).

Estas reglas no son un manual de buenos modales en el uso del dinero ("Las palabras mágicas son *por favor* y *gracias*" o "Trata al dinero con respeto y él te respetará" o "Lo que haces se te regresa en duplicado", entre otras lindas e inservibles recomendaciones). Éstas son reglas para que aprendas a manejar el dinero como una verdadera Cabrona, para que actúes con asertividad, inteligencia y, sobre todo, éxito en cada decisión de "peso", valga la redundancia.

No es difícil aplicarlas. Si lo haces con un poco de rigor e inteligencia, el dinero se transforma de fiera ruda y terca a un objeto dócil y maleable

(¡como todos los hombres! No en balde "dinero" es un sustantivo masculino).

Ahora, antes de que pienses que las reglas para manejar el dinero son algo como

$$x = \frac{-b \pm \sqrt{b^2 - 4ac}}{2a}$$

y salgas disparada a leer un libro de meditación (si no puedes ser Millonaria, por lo menos estarás en tu propio Nirvana y dejará de importarte el mundo material), relájate. Las reglas para volverte Millonaria tienen muy poco que ver con números o con matemáticas. Hacer crecer tu dinero al máximo depende, sobre todo, de dos cosas: organización y sentido común. Ambas son virtudes que pueden estar en desuso (en mi caso basta adentrarse a los confines de mi bolso para darse cuenta de mi patológica desorganización), pero que todas, absolutamente todas, tenemos dentro.

Las *nueve reglas para multiplicar tu dinero*

1° Ama a tu dinero como a ti misma.

2° No es NO (o cuál de estas dos
   letras no entendiste).

3° Piensa, luego compra.

4° Una palabra: ahorro.

5° Controla tus deudas (y no al revés).

6° Nadie maneja el dinero mejor que tú
   (aunque no lo creas).

7° Que no te vean la cara de p_ _ _ _ _ _.

8° Cabrona preparada vale por dos.

9° El amor es el amor y el dinero es el dinero.

1º Ama a tu dinero como a ti misma

El amor es lo que hace que el mundo gire. El amor es, también, lo que te va a hacer Millonaria.

No, no cualquier clase de amor. No el amor romántico e idealizado que vemos en las películas o que imaginamos en las noches de copas o insomnio (creer en esa clase de amor fue la que nos hizo caer en problemas financieros), sino el amor más práctico de todos: el amor al dinero.

¿Te da vergüenza aceptar que puedes sentir este tipo de amor? ¿Crees que es un sentimiento propio de maquiavélicas y materialistas? ¿Piensas que una no puede ser una buena persona y, al mismo tiempo, aceptar que ama el dinero?

Ésta es una de las culpas más comunes que manejamos y la razón por la que frenamos nuestra capacidad de riqueza. Asumimos que el amor al dinero implica que menospreciamos cosas "más importantes" (sentimientos, relaciones, personas) y nos hace ser malas (inserta aquí la imagen mental de Cruela de Vil o la madrastra de Cenicienta).

No hay nada más alejado de la verdad. El amor al dinero es uno de los amores más prácticos y reales que existen. Todas deberíamos sentirlo y no porque seamos vanas o porque nos falten sentimientos o bondad, sino porque el amor al dinero refleja el amor más grande que cada una de nosotras debería sentir: el amor a una misma.

Y son estos dos amores los que van a hacerte Millonaria.

Amarte a ti misma es, por definición, querer lo mejor para ti (emocional y materialmente). El dinero es sólo el arma para demostrártelo.

Y ojo, el amor al dinero no implica que esto sea lo único que quieras en la vida ni que seas estéril ante otros tipos de amor. Significa simplemente que tienes la prioridad de darte a ti misma (y de paso a la gente que te rodea) una mejor vida.

Así que la primera regla para poder ser Millonaria es aprender a amarte y aprender a amar a tu dinero.

Yo me amo

Aprender a amarte no es cuestión de pararte enfrente de un espejo y repetir cien veces "Soy bonita… soy delgada… me acepto como soy", sino de querer lo mejor para ti y estar dispuesta a seguir los pasos necesarios para conseguirlo.

Ninguna mujer puede ser Cabrona y Millonaria si se minimiza o no lucha para conseguir lo mejor para ella misma. ¿Quieres riqueza? Tienes que sentirte merecedora de ella.

¿Cómo aprender a amarte?

1. *Las tontas no van al cielo... y tampoco se hacen Millonarias.* Lo primero que tienes que hacer es poner a trabajar la razón (algo que todas las mujeres tenemos). Usa tu inteligencia para saber cuáles son las cosas por las que vale la pena luchar y cuáles son las estupideces de la vida (esas batallas que te drenan la energía y la cartera y que, a fin de cuentas, no valen la pena). Lucha al máximo por las primeras y deshecha las segundas.

   Esto no quiere decir que omitas de tu vida los placeres sin trascendencia. A veces un par de zapatos o un viaje también son esenciales para vivir bien la vida, pero pregúntate siempre ¿vale la pena lo que tengo que pagar por ellos? ¿Vale la pena endeudarme? ¿Vale la pena dejar de pagar el mantenimiento de mi casa por comprarlos?

2. *¿Me seguirás amando mañana?* La relación con tu dinero es la más larga que vas a tener en tu vida, no la trates como si fuera un revolcón de una sola noche. No puedes tomar todas tus decisiones pensando sólo en el placer presente, tienes también que pensar en tu bienestar futuro. Hay que encontrar un equilibrio entre el placer (lo que gastas para vivir y disfrutar el día de hoy) y la inteligencia (lo que tienes que ahorrar para vivir bien mañana). No puedes irte a los extremos. Vivir sólo para

hoy puede ser divertido, pero te vas a levantar con una terrible cruda en el futuro (imagínate la tragedia de llegar a tu retiro sin suficientes ahorros), mientras que vivir sólo para el mañana, ahorrando cada peso que llega a ti, te va a convertir en una persona agria y aburrida. La clave es el balance.

3. *Amar es verbo.* Si te amas no sólo lo digas, actúa. No seas desidiosa. No dejes para mañana las decisiones o los cambios financieros que tienes que hacer hoy en tu vida. Empieza a ahorrar hoy. Contrata un seguro de gastos médicos hoy. Haz las cuentas de tu chequera hoy. Desde las grandes decisiones hasta los pequeños pendientes, no los postergues para mañana porque mañana es sinónimo de nunca. Si quieres hacer algo, ponte una fecha límite para cumplirlo. Actuar con prontitud te permite resolver los problemas antes de que crezcan y tomar mejores decisiones. Ninguna relación funciona si hay desinterés, mucho menos la relación contigo misma y con tu dinero.

4. *Amor implica nunca pedir perdón.* Amarte a ti misma y poner tus intereses en el lugar número uno de prioridades no es pecado ni egoísmo (como bien lo dijimos hace unas páginas). No tienes que justificarte ante nadie, tienes que tomar las decisiones que tú consideras correctas para vivir tu vida y cumplir tus objetivos.

Yo amo a mi dinero

El amor al dinero no implica atesorarlo, recontarlo y besarlo, sino algo mucho más simple y efectivo: respetarlo. Simple ley de la vida: si quieres que tu dinero te respete (y que por lo tanto crezca), lo tienes que respetar tú primero. Tienes que aprender a darle la importancia que merece.

1. *Cuida lo que amas.* Empieza por lo más simple (y muchas veces olvidado): guarda bien tu dinero. Organiza tu cartera, tu monedero, tu bolsa, tu cajón y todos los lugares en donde guardes dinero. Es cuestión de interés y de control. No puedes hacer crecer tu dinero si tienes billetes perdidos por toda la casa o mezclados en los rincones de tu bolsa con tus cosméticos. Organiza también tus recibos, *vouchers* de la tarjeta de crédito, estados de cuenta y todos los papeles que tengan que ver con tu vida financiera.

2. *El amor está en las pequeñas cosas.* Muchas veces nos enfocamos en las grandes cosas de la vida y dejamos a un lado las "pequeñeces" porque las consideramos, valga la redundancia, pequeñas e intrascendentes. Dedicamos tiempo a abrir una cuenta de banco, pero luego olvidamos dedicarle tres minutos a hacer las cuentas de la chequera para que no rebo-

ten los cheques. Pasamos horas pensando en un seguro de vida, pero dejamos a un lado leer los detalles del contrato. Hacemos grandes planes de ahorro, pero no le prestamos atención a los pequeños gastos que hacemos. Los detalles son, a fin de cuentas, los que hacen la diferencia.

3. *El amor no es espontáneo...* Hay que dedicarle tiempo. No te vas a hacer Millonaria por arte de magia o por el simple hecho de desearlo. Tienes que invertir cierto tiempo en atender a tu dinero, en pensar en él y en tomar decisiones que lo hagan crecer. No es cuestión de que te vuelvas esclava de tus asuntos financieros, con que apartes 20 o 30 minutos a la semana para resolver tus asuntos monetarios tienes el espacio suficiente para tomar decisiones, aprender a usar tu dinero (a hacer las cuentas de tu chequera, por ejemplo) y resolver dudas o problemitas.

2º No es NO (o cuál de estas dos letras no entendiste)

Desde la edad antigua, la sabiduría popular (una sabiduría bastante estúpida) dictaba que las mujeres estábamos hechas para ser vistas y no escuchadas. Por tanto, todas las decisiones respecto a nuestra vida debían ser tomadas por gente (del género masculino) que, oooooobviamente, sabía qué era lo mejor para nosotras. Ésta fue la época en la que se inventaron los cinturones de castidad, la viruela negra y la morcilla (que es un embutido hecho con manteca y sangre).

Y luego llegamos las Cabronas. Aunque siempre hemos existido –ejemplos como Cleopatra, Juana de Arco y la Reina Victoria, vienen a la mente–, fue hasta principios del siglo XX que como género "salimos del clóset". Nuestra principal consigna fue demostrarle al mundo que las mujeres que son "tapetes de entrada", esas en los que todo mundo se limpia los pies, nunca salen del pasillo. Para llegar a alguna parte, a donde sea, hay que alzar la voz y tomar decisiones por una misma.

Tristemente, en uno de los campos en los que seguimos como tapetes es en el manejo de nuestro dinero. Si una persona en el banco me recomienda una inversión, me da pena cuestionarlo o decirle que no entiendo o que no la quiero; si me ofrecen una tarjeta de crédito "con bajos intereses", no pregunto cuándo me los van a subir; si un agente de seguros me explica con prisa y desidia los detalles del contrato, no le pido que se detenga a explicarme cada punto; si mi pareja me dice (o me da a entender) que como él gana más dinero él debe tomar más decisiones, bajo la mirada.

Parece que seguimos operando bajo el lema de "Calladita me veo más bonita"... Peeeeeero, una Cabrona jamás quiere ser bonita (eso es para las Barbies), quiere ser fregona y espectacular y guapa y... Millonaria.

Por eso guardar silencio o esperar a que otros tomen decisiones sobre *mi* dinero está absolutamente *fuera*. Tu lema de ahora en adelante debe ser: "Asertiva me veo más Millonaria".

¿Qué es ser asertiva?

Es poder decir en el momento justo y de la manera correcta lo que sientes, piensas o quieres.

Es saber decir "no" cuando no estás segura de algo; es pedir que te expliquen tus dudas por mínimas que parezcan; es cuestionar a las personas cuando te están ofreciendo un producto o servicio; es darte tiempo para decidir y que no te presionen para tomar decisiones apresuradas; es demandar que te traten a ti y a tu dinero con respeto y profesionalismo. En pocas palabras, es la columna vertebral de una Cabrona.

¿Por qué ser asertiva va a hacerte Millonaria?

◆ *Porque te hace responsable de tu dinero.* Tú eres la que manda sobre él. No el señor del banco, no el señor que te está vendiendo un coche, no la persona que quiere que le prestes dinero. TÚ.

◆ *Porque te permite tomar mejores decisiones.* Si eres asertiva no tendrás miedo o pena de preguntar y resolver todas tus dudas antes de tener que dar un "sí" o un "no". Va a ser más difícil que te sorprendan con cláusulas escondidas, cuotas fantasmas o detallitos que "olvidaron explicarte". Las decisiones que tomas así son más frías, calculadas y, por tanto, mejores.

◆ *Porque te das a respetar ante la gente.* En el mundo de las finanzas es un hecho que como te oyen te tratan. Si piensan que están tratando con una débil margarita entonces vas a recibir un servicio como tal (consultas apresuradas, recomendaciones a medias, menosprecio); si, por el contrario, se dan cuenta que de eres una persona interesada en tu dinero, el trato, el servicio y los resultados van a ser mucho mejores.

Instrucciones para ser una Millonaria asertiva

1. *Pierde el miedo a levantar la voz.* No existen los detalles insignificantes, aun cuando se trate de centavos. Está en juego tu dinero, tu futuro, tu tranquilidad y placer. Tienes todo el derecho de cuestionar, confrontar y discutir para protegerlos. Querer cumplir tus sueños y metas monetarias justifica ampliamente tomar una postura fuerte.

2. *Pecado es desear al hombre de tu vecina, no decir "no".* Nos cuesta un enorme trabajo decir que no, sobre todo cuando de dinero se trata (y si le sumamos algún elemento de chantaje emocional, se nos hace imposible). Pero ésa es la palabra mágica que va a hacer que tu dinero crezca. En vez de decir "sí" automáticamente y luego arrepentirte, usa el "no" como tu respuesta de cajón cuando estés tratando temas financieros… Más adelante siempre puedes cambiar de opinión.

Algunas situaciones en las que un "no"
a tiempo puede ahorrarte mucho dinero

- "No puedo prestarte dinero"
- "No puedo comprarlo"
- "No necesito esa tarjeta de crédito"

◆ "No entiendo lo que me está explicando sobre las inversiones. ¿Me lo puede volver a explicar?"

◆ "No quiero tomar una cobertura extra en el seguro"

◆ "No te quiero comprar lo que vendes aunque seas mi amiga"

◆ "No me interesa esto que me está ofreciendo por teléfono... por octava vez"

◆ "No necesito el modelo más caro aunque la diferencia sea *mínima*"

◆ "No voy a gastar el dinero que estoy ahorrando para irme de fin de semana"

◆ "No me presiones para tomar una decisión de la que no estoy segura"

◆ "No voy a invertir en eso aunque me jures que es la receta mágica de la riqueza"

◆ "No porque tú ganes más dinero que yo quiere decir que puedes tomar todas las decisiones financieras de la casa"

---

3. *Date el tiempo.* Tratar temas de dinero al aventón (porque estás cansada, porque tienes que hacer otra cosa, porque quieres llegar al cine...) es la mejor manera de perder la fuerza en tu actuar. Muchas veces tomamos decisiones incorrectas o de las que no estamos seguras o dejamos de preguntar alguna duda simplemente porque nos "queremos ir". Cuando

trates algún tema que involucre dinero, abre el espacio necesario para hacerlo sin prisa.

4. *Respalda tu postura.* Lo único peor que una mujer sumisa es una mujer que pretende ser asertiva pero no tiene la más mínima idea de lo que está hablando. Ojo, no es cuestión de ser todo-conocedora, sino de estar informada y hacer las cosas de una manera inteligente:

◆ *Tonto no es el que pregunta, sino el que se queda con la duda.* Para poder tomar decisiones asertivas necesitas entender de qué estás hablando, qué es lo que vas a firmar. Si algo no te queda claro (desde cuál es la garantía que ofrece la lavadora que vas a comprar hasta el significado de la cláusula 3.1-8 del contrato del seguro), pregunta o busca ayuda tantas veces como sea necesario para que lo entiendas a la perfección. No hay pregunta demasiado ridícula ni letra demasiado pequeña que no merezca ser atendida.

◆ *Papelito habla.* Respalda tu posición con las armas correctas. Todo lo que te ofrezcan, te prometan o te vendan debe estar por escrito. Archiva y guarda todos los papeles financieros que recibas (contratos, estado de cuenta, garantías, presupuestos...) para que al momento de tener que tomar una decisión o hacer una reclamación tengas más fuerza.

5. *El mundo no se acaba mañana.* Jamás te dejes presionar para tomar una decisión de la que no estás completamente segura, ni por frases como "Es la última oportunidad", "Mañana se vence el plazo", "Ahora o nunca". Todo paso financiero que des tiene que ser firme. Como regla general, el mismo vendedor o agente que te amenazó con "Si no es hoy es nunca", mañana va a ofrecerte *mágicamente* algo igual o mejor.

6. *Asertiva, no agresiva.* Ser asertiva no implica ser grosera o faltarle el respeto a la gente. Esto tiene el efecto contrario: en vez de darte a respetar, te convierte en una peste. *Por favor* y *gracias* siguen siendo palabras mágicas ("No, gracias, no quiero que me ofrezca esa tarjeta de crédito", "Por favor, ¿me puede ayudar a solucionar esta duda que tengo en mi estado de cuenta?", "Si es tan amable, ¿me podría volver a explicar cuáles son las ventajas de este fondo de inversión?"). Siempre mantén tu nivel de voz dentro de los decibeles aptos para humanos.

¿Me prestas dinero?

Una querida amiga, o prima, o compañera de trabajo te pide un favor financiero: que le prestes un poco de dinero o que saques un crédito para que ella pueda usarlo (las peticiones más comunes) o que firmes como su aval (la petición más peligrosa) o que le prestes tu coche recién comprado para el que te tomó meses ahorrar.

Tú no quieres hacerle el favor porque no te sientes cómoda prestando dinero y sabes que los préstamos entre amigos son la manera más fácil de perder el dinero y la relación, porque no quieres reducir tu cuenta de banco, porque el dinero lo tienes ahorrado para irte de fin de semana, porque quieres mucho a tu amiga pero sabes que es un desastre manejando el dinero o, simplemente, porque no.

¿Cómo se lo dices sin parecer una mala persona ni dejarte chantajear por un préstamo que no quieres hacer?

I. Pídele un tiempo para pensarlo, unas horas o unos días, pero no más. Esto te ayudará a tomar una decisión informada (evaluando los pros y contras) y le dará a la otra persona la certidumbre de que la estás tomando en serio. Decir que no automáticamente puede dar lugar a súplicas ("Te lo pido") o chantajes ("Piénsalo, por favor, porque lo necesito mucho"). Tomarte el tiempo para sopesar la decisión no implica que estés obligada a decir que sí; a lo único que te compromete es a darle una respuesta (sea la que sea) en el tiempo convenido.

II. Sé clara y directa, evita los titubeos ("Es que, fíjate, pues la verdad es que…"), las explicaciones, las justificaciones o las medias verdades. Un "No" simple y directo es la manera más efectiva de darte a entender y limita la probabilidad de malos entendidos o resentimientos ("Me dijiste una mentira para no prestarme dinero").

III. Si no puedes / quieres cumplir con esa petición, pero estás dispuesta a ayudar a la persona de otra manera (ayudarla a conseguir trabajo en vez de prestarle dinero, por ejemplo), ofrécele esa ayuda con detalles.

IV. No te prestes a presiones o chantajes emocionales ("Es que tú no me entiendes porque nunca has pasado por algo así"). Simplemente repite la respuesta y, si es necesario, acaba la plática antes de llegar a una discusión que pueda lastimar la relación. Es más fácil perdonar a una persona que no te prestó dinero que a alguien que te llamó "perdedora irresponsable".

V. Recuerda que ninguna relación sana puede depender de siempre decir que sí (la esclavitud se abolió hace siglos). Si el negarte a prestar dinero o a hacer alguna concesión financiera genera una ruptura en la relación, entonces la relación no valía la pena. ¡Qué bueno que dijiste que no!

3° Piensa, luego compra

Cuando una mujer se ve en un espejo, el resultado puede ser nuclear. *Me falta... Me sobra... Hoy no me quedó... Podría estar mejor... Si tuviera... Si hiciera...* Las chispas de la crítica saltan como fuegos artificiales. Y esto es antes de las 8 a.m.

El resto del día ejercitamos la autocrítica al máximo ("¡Si tan sólo esto quemara calorías!...").

Juzgamos duramente nuestra físico (razón de existencia de los cirujanos plásticos), nuestros pensamientos y acciones (razón de existencia de los psicoanalistas) y nuestras relaciones (razón de existencia del tarot).

¿Por qué entonces somos tan condescendientes con nuestra forma de gastar?

Pregúntale a cualquier mujer cuáles son los errores que comete a la hora de comer y te puede recitar una docena. Pregúntale a la misma mujer cuáles son los errores que comete a la hora de comprar y probablemente su respuesta se limite a "Gasto mucho", seguida de alguna justificación ("Pero es que lo necesitaba", "Pero es que estaba en barata", "Pero es que me gustó").

Incluso cuando cometemos un error en nuestra forma de gastar, lo archivamos en la papelera de reciclaje. Puede ser que nunca te perdones haberle marcado por teléfono a tu ex pareja en un ataque de vino y sentimentalismo (te da vergüenza recordarlo todavía 10 años después), pero el haber tenido ese ataque de compras que te dejó endeuda por meses lo olvidas pocos días después.

Si quieres ser Millonaria, lo primero que tienes que hacer es cambiar tu manera de gastar. Tienes que alterar la manera en que tu cerebro da órdenes a tu cartera.

Por qué gastamos las mujeres

Por necesidad. La razón más obvia, para vivir necesitamos comida, ropa, techo y un perfecto corte de pelo.

Porque así lo marca la sociedad. Por más trillada que suene la palabra *consumismo*, es un hecho que vivimos en un mundo en el que se nos restriega la idea de que la clave de la felicidad es comprar mucho y seguido. Guardar apariencias o impresionar (a un altísimo costo) se ha vuelto el sello distintivo de la sociedad. Si no tengo, ¿qué van a decir mis vecinas?

Por aburrimiento. Una de las actividades principales del siglo XXI es ir a pasear por las tiendas o el centro comercial a pasar el tiempo, a ver qué vemos... y generalmente *alguito* se nos pega.

Por terapia. ¿Enojada? Compro ¿Triste? Compro. Dolida, confundida, con coraje. Compro, compro, compro. Mucho de nuestro manejo emocional encuentra salida en el paraíso (momentáneo) de las compras.

Porque me lo merezco. No hay nada como celebrar un acontecimiento, sea mi cumpleaños, un éxito profesional o que amaneció en jueves, con la cartera abierta.

---

*Cómo ejercitar el músculo del buen juicio
antes de ejercitar el músculo de la cartera*

Sería ridículo hacer una lista de las compras prohibidas y una de las permitidas (algo así como una lista de comidas con grasa y otra de verduras), porque lo que es un objeto necesario para mí puede ser una compra innecesaria para otra persona y viceversa, e incluso nuestras necesidades van cambiando día con día.

Comprar con inteligencia es cuestión de poner a trabajar el criterio (¡ouch!)

◆ *Distingue entre necesidades y necedades.* Ayer no sabías que una cafetera de expreso existía y hoy (después de ser bombardeada por la publicidad y las opiniones de las vecinas) no concibes el funcionamiento de la vida misma sin tenerla. Vivimos en un mundo en el que confundimos completamente lo que necesitamos *en realidad* con lo que pensamos necesitar. La mayor parte de las compras innecesarias se dan por no poder hacer esta distinción. ¿Cómo distinguir entre ambas?

Antes de comprar un producto –un coche, ropa, zapatos, cosméticos o cualquier otra cosa sin la cual sientes que te mueres– sigue "la regla del 24". Ve a donde venden ese objeto del deseo, obsérvalo, cárgalo, acarícialo y, antes de acercarte a la caja, salte de la tienda (deja el objeto en su estante primero, éste no es un manual de delincuencia). Espérate 24 horas y olvida el tema. Regresa después de este plazo a la tienda y evalúa dos cosas: la primera es que sigues viva (no te moriste por no haberlo comprado), y la segunda es si tu necesidad sigue siendo igual de inminente... Lo más probable es que no, que la calentura haya pasado y que tu opinión sea más objetiva.

- *Compara precios.* No estamos muy acostumbradas a hacerlo (da un poquito de flojera y le quita espontaneidad a las compras), pero es fundamental. Desde comida y útiles escolares hasta ropa y tecnología, la diferencia de precio y condiciones (nivel de garantía, servicio postventa...) puede ser increíble, literalmente no creíble.

Ojo, no es cuestión de perder el tiempo y pasarse todo el día persiguiendo el precio más barato de jitomate. Simplemente se tratra de usar la cabeza. Para tus compras normales (super, tintorería, *manicure*), acude al lugar que en promedio tenga mejores precios; aun

cuando algunos productos sean menos bara-
tos, vigila que el total de la cuenta sea el más
bajo. Para tus compras específicas (las que salen de lo cotidiano), compara entre tres o cuatro lugares antes de decidir en dónde comprar.
Una buena arma para comparar precios sin
salir de casa es el internet, ya sea en las páginas de cada tienda o en sitios como la Profeco
en México (www.profeco.gob.mx) o el Con-
sumer Report en Estados Unidos (www.con-
sumerreports.org), que se dedican a hacer estudios del precio de cientos de productos.

◆ *Cuenta hasta tres... preguntas.* Antes de des-
envainar la espada, perdón, la cartera, pregúntate lo siguiente:

• ¿Realmente lo necesito?
• ¿Éste es el mejor precio al que lo puedo
comprar?
• ¿Algo más barato lo puede sustituir?

Puede parecer engorroso hacer el esfuerzo
de responder esto en cada compra, pero si lo
haces conscientemente por dos o tres semanas
(apunta las preguntas en un papel y guárdalas
dentro de tu cartera) tu cerebro se acostum-
brará a hacer el cuestionamiento de manera
automática.

◆ *La palabra más peligrosa: barata...* Y sus co-
rolarios "descuento", "precio de mayoreo",
"compra dos y llévate tres" o "gratis en la

compra de...". Nuestro cerebro está programado (por generaciones de matriarcas compradoras) a asumir que cualquier producto con alguno de estos calificativos es automáticamente una buena compra. Error. Comprar sólo con base en un menor precio hace que compremos cosas que no necesitamos y que no vamos a usar, por lo que aun el precio "bajo" es dinero tirado a la basura. Antes de aprovechar una barata, pregúntate si es algo que realmente vas a usar (unos pantalones de lycra acampanados, aun cuando tengan el 85% de descuento, no los vas a usar jamás salvo que trabajes de corista).

Tampoco compres lo que venden tus amigas y que acabas adquiriendo por pena o por compromiso. Ni siquiera veas los catálogos que te ofrecen para no sentirte obligada.

◆ *La segunda palabra más peligrosa: regalos.* Hay que comprar regalos de cumpleaños para familiares y amigos... Hay que comprar los regalos del día de las madres... de navidad... para la boda de la hija de la amiga de mi prima. ¡Y nos preguntamos en qué se nos va el dinero! La hipoteca de la casa de tus sueños está invertida en regalos de fiestas (y a la mitad de la gente a la que se los diste ya no la soportas). Recorta tu lista de compromisos al máximo, lo peor que puede pasar es que ellos no te correspondan (de todos modos sus regalos son terribles). En vez de hacer un obsequio, opta por "agasajar" al festejado con una tarjeta, un telefonazo o un correo electrónico. Cuando dar un regalo es inevitable, procura establecer un presupuesto no acorde a lo mucho que quieres a la persona, sino a lo mucho que quieres ser Millonaria.

- *Vive en efectivo*. Las tarjetas de crédito y de débito nos hacen perder la noción de lo que es caro o barato y de si gastamos mucho o poco. Lleva en tu cartera sólo una para emergencias (y no, ¡esas sandalias de diseñador no son una emergencia!). Para el resto de tus compras usa sólo efectivo. La mecánica de sacarlo de la cartera te hace más consciente de lo que estás gastando y, además, cuando se acabó se acabó (más sobre tarjetas de crédito en las siguientes páginas).

- *Anticipa*. Los periodos típicos de consumo, como fin de año o regreso a clases, son en los que más se descontrola nuestro gasto porque los precios suben y las prisas nos hacen pagar de más. Anticipa estas compras inevitables por un par de meses: compra los regalos de fin de año en septiembre y los de regreso a clases en junio.

- *Fáciles pero letales*. Las compras por televisión o por internet son la manera más sencilla de desperdiciar tu dinero. Nunca sabes bien a bien lo que estás comprando y la facilidad del trámite y las supuestas "promociones" que ofrecen provocan que pierdas momentáneamente la razón. Evítalas. Sabes muy bien que esa crema reductiva que parecía mágica a las 3 de la mañana será, al recibirla, poco más que vaselina.

◆ *Una rebajita por amor de Dios.* ¿Te da pena pedir descuentos? ¡Pena correr desnuda y que nadie te voltee a ver! Pedir un descuento en las compras (fuera del supermercado, en todas las demás lo puedes intentar) no sólo te conviene a ti, es un arma que usan las empresas para promover la lealtad de sus clientes. Es increíble cuántas empresas te otorgan una reducción al precio con tan sólo pedirla. ¡Anímate! Lo peor que puede pasar es que te digan que no. Pide también tarjetas de lealtad en las tiendas que frecuentes.

◆ *No juegues.* Lo que era considerado un pasatiempo masculino (no hay nada con más testosterona que un cuarto de apuestas lleno de humo de puro) se está convirtiendo, cada día más, en una actividad femenina. No gastes tu dinero en esto. Punto. El dinero se va como agua ya que en la emoción es difícil ponerse límites de lo que vas a gastar ("un poquito más, un poquito más"); además, las posibilidades de ganar son mínimas; es más probable ser electrocutada por un rayo que sacarse el premio de la lotería o pegarle al *jackpot*. Si quieres tirar tu dinero, regálaselo a alguien, por lo menos así ganarás un amigo.

♦ *Después de la compra.* Las buenas compras no acaban en el momento en que llegas a tu casa con las bolsas. Para ser una buena gastadora tienes que preocuparte por mantener tus cosas en la mejor condición. Da mantenimiento regularmente a todos los objetos que lo necesiten. Revisar cada seis meses tu computadora, cambiarle las tapas a tus zapatos o enviar tu coche al taller es un costo mínimo si lo comparas con tener que remplazar las cosas por descuido o hacer reparaciones mayores. Guarda, también, todas las garantías de tus productos para poder hacerlas válidas en caso necesario.

♦ *Ayuda con el corazón y con la cabeza.* Ser Cabrona y Millonaria no te exenta de donar dinero a la gente que lo necesita, pero te obliga a hacerlo de una manera crítica e inteligente. Evita dar limosnas en la calle y otorga una cantidad mensual o anual a una o dos instituciones de tu elección que canalicen bien y con provecho tu dinero a las causas cercanas a tu corazón. Pídeles un informe de actividades y revísalo para vigilar que tu dinero esté siendo utilizado de manera correcta y con buenos y tangibles resultados.

Cuando el consumo es tu droga

El consumo compulsivo no es un problema de "amas de casa desesperadas" o de "mujeres desocupadas", es una adicción y como tal tiene que tratarse antes de que te ahoguen las deudas y los problemas.

Contesta estas preguntas. Si respondes afirmativamente a más de tres de ellas, quizá sea momento de buscar ayuda profesional.

¿Has comprado productos que *tienes* que comprar pero que guardas nuevos?

¿Realizas compras en los momentos de enojo o ansiedad?

¿Alguna vez haz comprado dos veces productos idénticos o similares porque no te acordabas de que tenías uno en casa?

¿Tus hábitos de consumos te ocasionan problemas con tu pareja o tus seres queridos?

¿Has escondido o mentido sobre alguna compra?

¿Te sientes perdida si sales de casa sin tus tarjetas de crédito?

¿Gastar te crea un sentimiento de euforia y ansiedad al mismo tiempo?

4º Una palabra: ahorro

El primer contacto que tuve con el mundo del ahorro fue el brasier de mi abuela. ¡Santa mujer! Todo el dinero que ahorraba se lo guardaba en el busto. Y no me refiero al gasto de la semana, sino a todo el dinero que llevaba ahorrado, billetes y billetes perfectamente bien enrollados.

Como prodrán imaginarse, sus prendas íntimas eran casi ortopédicas (el encaje no guarda bien el efectivo) pues la naturaleza la había dotado de una caja de ahorro de muy buen tamaño (algo que no heredé).

La teoría detrás de su escondite sonaba lógica. Como buena mujer nacida a principios de siglo pasado, los bancos le eran un concepto ajeno y no confiaba en ellos. Su brasier era el lugar más seguro que conocía (guardar su dinero debajo del colchón le parecía demasiado inseguro, ¿qué tal si alguien lo encontraba cuando ella no estuviera en casa?); y además tenía sus ahorros siempre al alcance de su mano por si algo llegaba a necesitar.

Lo malo (para los demás) era que cada vez que necesitaba hacer uso de su guardadito, estuviera en donde estuviera, se desfajaba para hacer el retiro. Mi "horror" al ver esta escena era tal que desde los 7 años juré que jamás iba a ahorrar.

Me tomó un par de décadas, muchos estudios en economía y varios tropiezos financieros cambiar de opinión.

Un elemento fundamental en el buen manejo del dinero es el *ahorro*: guardar una parte del dinero que ganas o que llega a tus manos para poderlo destinar, en el futuro, a algún gran gasto, ya sea un desembolso de placer, como comprar una casa o un viaje, o en caso de necesidad (desempleo o alguna emergencia, por ejemplo).

No hay de otra. ¿Quieres ser Millonaria? Empieza a ahorrar.

El problema es que odiamos el concepto. *Ahorro*. Hasta la palabra suena feo. Nunca he oído de una *ahorradora* que salga en la portada de una revista de sociales o que pertenezca a la lista de las mejores vestidas. El ahorro es para viejitas que se llevan a casa las sobras del restaurante o para señoras que se visten con ropa de 1970 (y no de la *vintage*, de la fea).

Le rehuimos a ahorrar porque lo consideramos sinónimo de prohibiciones y de ausencia de placer. Sacrificar mis compras en el presente para poder tener algo en el lejano "mañana". ¿Quién quiere pensar en el futuro cuando la ropa de la temporada primavera-verano es tan espectacular o cuando quiero cambiar mi coche por un modelo más nuevo? Nadie. Si para ahorrar necesito recortar mis gastos de diversión, mis placeres, y tengo que vivir preocupada por contar cada centavo, mejor lo evito como al nailon.

Es momento de cambiar de canal

¿Cómo %&-@# quieres que ahorre si no me alcanza?

La pregunta que probablemente te estás haciendo en este momento es: "¿Quién es esta loca que escribe sobre guardar dinero si lo que tengo apenas me alcanza para cubrir mis gastos? A fin de cada mes tengo que hacer malabarismos financieros, el dinero se me va como arena entre los dedos. ¿Qué me va a sugerir? ¿Que deje de comprar comida en el supermercado? ¿Qué cambie de colegio a mis hijos? ¿Que me pinte el pelo con tinte casero?"

Efectivamente, el dinero parece desaparecer por arte de magia. Dinero por aquí, dinero por acá, agitamos la varita mágica y ¡desapareció! Pero *el ahorro no es como lo pintan* o como te lo han explicado hasta hoy. Es algo mucho más alivianado y nada doloroso.

Ahorrar no tiene nada que ver con eliminar tus grandes gastos o cambiar la manera en que llevas tu vida. Ésa es la foma en que las mujeres sumisas y sufridas ahorran y se victimizan por no poder disfrutar de su dinero.

Si quieres ahorrar como una Cabrona, lo único que tienes que tener en mente son cuatro ideas:

I.   *Tienes que ser una compradora más crítica.* Ya le dedicamos una regla completa a este tema, por lo cual no voy a redundar. Si te quedaron dudas, regrésate un par de hojas y vuelve revisar cómo poner a trabajar tu criterio te convierte en una compradora más inteligente y te permite ahorrar dinero en *los mismos* gastos que hoy haces.

II. *Tienes que saber cuánto estás gastando y en dónde.* ¿Recuerdas el ejercicio en el que clasificaste todos tus gastos según su tipo? Revísalo de nuevo. Tener todos tus gastos ordenados y resumidos enfrente de ti, literalmente en blanco y negro, te da el poder mágico de la conciencia. Ahora ya no sólo intuyes que gastas mucho, sabes cuánto estás gastando en cada concepto ("¡1 500 pesos al mes en valet parking! ¡Gasto más en salidas a restaurantes que en todos los gastos de mi casa!"). Al momento de ver esto vas a darte cuenta de cuáles son los gastos en los que puedes ahorrar un poco... o un mucho.

III. *Tienes que eliminar las goteras.* El dinero que puedes ahorrar no depende de suprimir tus grandes gastos, sino de echarle un ojo a los pequeñísimos gastos que hacemos día con día, casi sin darnos cuenta y muchas veces en cosas que no son de gran importancia. Lo que gastamos en ellos muchas veces nos parece insignificante ($5... $10... $20... ¿qué tanto son unas moneditas?), pero lentamente va sumando cantidades impresionantes.

¿Quieres irte para atrás? Si eliminas...

♦ Un café diario en la tienda de conveniencia de la esquina ($10)
En un año juntarías* $3 730
En diez años tendrías ahorrado $54 883

♦ Si ese café diario es de "diseñador" (frapeado, latte...) ($40)
En un año... $14 900
En diez... $219 535

♦ Si fumas una cajetilla diaria
En un año... $9 337
En diez años... $137 200

♦ Si en vez de hacerte *manicure* una vez a la semana te lo haces cada 15 días (¡y te dejas de morder las uñas!)
En un año... $2 900
En diez años... $43 900

♦ Si dejas de mandar a la tintorería ropa que puedes lavar en casa, como seguramente harías si revisaras la etiqueta (dos prendas por semana)
En un año... $3 480
En diez años... $51 220

---

* Todas las cantidades a uno y diez años consideran que el dinero está invertido.

◆ Si estacionas tu coche en el estacionamiento en vez de usar el valet parking (tres veces por semana)
En un año...$7 400
En diez años... $109 700
¿Sigues creyendo que no tienes forma de ahorrar?

IV. *Tienes que definir prioridades.* Para ahorrar no tienes que limitar ni eliminar tus gastos, simplemente es cuestión de decidir cuáles son los que más necesitas o los que más disfrutas y recortar o reducir los demás.

¿Te gusta ir a pintarte el pelo al salón más caro del país? Sigue haciéndolo, pero esa suscripción a cinco revistas y las cuentas estratosféricas del celular a lo mejor pueden reducirse. ¿Te encanta salir a comer a los mejores restaurantes? Buen provecho, pero entonces tal vez quieras reducir lo que gastas en regalos. ¿Amas los cafés frapeados? En vez de tomarlos diario, puedes disfrutarlos tres veces por semana.

No es cuestión de vivir como monje tibetano y jurar eliminar todos los placeres materiales de la vida a cambio de una total devoción al ahorro, sino de entender que en la vida no puedes tener todo (es una verdad irremediable, guarda las lágrimas para otra ocasión) y para ser Millonaria tienes que ajustar (no recortar ni eliminar, simplemente ajustar) tus gastos para poder ahorrar. Así podrás vivir sensacionalmente hoy y maravillosamente mañana.

¿Cuáles deben ser tus prioridades y cómo debes repartir tu dinero?

Eso depende de ti. No hay reglas universales ni respuestas correctas o incorrectas. Con tu lista de gastos en mano, apunta lo siguiente:

◆ Tus 5 gastos indispensables. Los que quieres dejar tal y como están porque los necesitas o los disfrutas. Esos consérvalos intactos. No importa si son vanos. Si te gusta hacer ese gasto, consérvalo.

◆ Los 5 gastos que no te importan y no hacen ninguna diferencia en tu vida. Elimínalos en un plazo máximo de dos semanas y jura no volverlos a hacer. Como la suscripción al club que no usas, el servicio premium de TV por cable que nunca has visto o el cigarro.

◆ Los 10 gastos que puedes reducir. Desembolsos que disfrutas pero que te estás dando cuenta que puedes controlar de mejor manera. Define los pasos que vas a seguir para hacerlos más pequeños. La cuenta del celular, los regalos que das, el uso del automóvil (camina o comparte rutas), las salidas a comer, la cuenta del supermercado, etc. Casi en todos tus gastos puedes encontrar margen para reducir un poco sin sentirlo realmente.

Todas podemos encontrar formas de ahorrar, o de aumentar lo que ya ahorramos, sin necesidad de reducir lo que necesitamos o disfrutamos.

Otros consejos para ahorrar sin necesidad de guardar los billetes en el brasier

◆ *No hay cantidades insignificantes.* Muchas veces dejamos de ahorrar porque sentimos que la cantidad disponible es tan pequeña que no va a hacer ninguna diferencia en nuestra vida. ¿Qué son veinte pesitos? Esto es completamente falso, las más grandes fortunas se construyen pesito a pesito.
¿De qué sirve ahorrar tan solo $20 al día?

Al primer día vas a tener...	$20 (Moneditas)
Después de una semana...	$140 (Nada impresionante)
Al mes...	$600 (Está bien)
Al año...	$7 469 (¡*Ups!*)
A los cinco años...	$ 44 086 (¡Dios mío!)
A los diez años...	$109 700 (¡Dénme aire!)
A los veinte años...	$353 400 (¡¡¡Benditas sean las monedas!!!)

- *Abre una cuenta de ahorros.* Si no tienes en dónde guardar tu dinero nunca vas a poder ahorrar. Debajo del colchón, la caja de galletas y el cajón del clóset no son lugares adecuados para empezar a construir tu fortuna. Abre una cuenta de ahorros para guardar el dinero que vayas juntando. Si ya tienes una, desempólvala y comienza a utilizarla.

- *Págate a ti primero.* Si pretendes ahorrar el dinero que te sobre a fin de mes, jamás vas a poder ahorrar un solo centavo porque tus bolsillos van a estar vacios. Ahorra antes de gastar. En el momento en que recibas cualquier dinero, sea tu sueldo, un regalo o un bono, separa una cantidad (la que tú decidas) y deposítala directamente en tu cuenta. Así no vas a tener la tentación de gastarte lo que piensas ahorrar. Es más, averigua si es posible que te descuenten una parte de tu sueldo y la depositen automáticamente en tu cuenta de ahorros. Ojos que no ven, dinero que no se gasta.

- *Cabrona y Millonaria en planeta sano.* Los mismos tres principios que estamos aplicando para salvar al planeta son los que van a salvar tus ahorros: reduce, reutiliza y recicla todos los productos que compras. Esto automáticamente va a reducir lo que gastas y a aumentar el dinero que puedes ahorrar. Ser ecológicamente sana te va a permitir disfrutar de tu dinero en un mundo más bello, menos caliente y con más árboles.

◆ *Agita tu bolsa.* Cada noche guarda en un frasco (y cada mes deposita en tu cuenta) esas moneditas perdidas que danzan en los rincones perdidos de tu bolsa al final del día y que muchas veces acabas perdiendo o malgastando.

◆ *No hagas más ricos a los banqueros (a menos de que vayas a casarte con uno de ellos).* Suficiente dinero gana el sistema financiero como para que tú le des a ganar más y que a costa de tu riqueza este tenga más ganancias. Para aumentar lo que ahorras tienes que hacer dos cosas:

  • *Reduce tus deudas.* Entre más endeudada estás, más dinero pierdes. Los intereses que pagas (de la tarjeta de crédito, la hipoteca, el crédito de tu auto…) es dinero tirado a la basura (bueno, al banco) que debería estar agrandando tus ahorros. Reorganiza tus deudas para reducirlas y guardar para ti esos intereses que estás desperdiciando (ve la regla 5).

  • *Evita errores.* Las comisiones por cheques devueltos, por usar de más el cajero automático o por demorarte en hacer un pago son cantidades importantes. Aprender a hacer las cuentas de la chequera, lleva un buen control de las fechas de tus pagos y lee la letra pequeña sobre cargos y comisiones de todos los instrumentos financieros que utilices (tarjetas, chequeras, créditos, inversiones, pagos por servicios).

- *Ojo con las tandas.* Se nos hace fácil y cómodo ahorrar en la tanda de la cuadra, de la oficina o de las amigas. Pero hacerlo pone en riesgo tu dinero. Primero, porque hay una gran posibilidad de que alguna de las participantes no cumpla su parte, y en caso de que alguien incumpla no hay manera de que la hagas pagar si no quiere o puede hacerlo. Segundo, porque el dinero va perdiendo valor a lo largo del tiempo, por lo que la cantidad que recibe la última persona que recoge la tanda tiene mucho menor valor del que recibió la primera. Si eres la última de la lista, aparentemente vas a recibir lo mismo que las demás, pero en realidad te va a alcanzar para comprar mucho menos. Ahorra tu dinero en instituciones serias, establecidas y que respondan a tus necesidades.

La pregunta del millón

¿Cuánto debo ahorrar? Según la estricta teoría financiera, lo ideal es ahorrar el 15% de todo el dinero que recibes. O sea que, por cada mil pesos que ganas, deberías guardar $150.

Pero como las Cabronas no somos ni estrictas ni teóricas, lo mejor es no hacerle caso a esta cifra y empezar mejor con otra pregunta:

¿Cuánto crees que puedes ahorrar? ¿10%? ¿5%? ¿3%? ($100... $50... $30 por cada $1 000 que recibas).

Más importante que la cantidad en sí es la constancia con la que lo hagas. Ponte una meta mensual (¡sé ambiciosa!) que se adecue a lo que hoy consideras posible. El chiste es empezar a crear una costumbre que se convierta en un hábito. Si un mes se te complican las cosas y no puedes cumplir con la cantidad objetivo, procura ahorrar aunque sea una cantidad simbólica y retoma tus planes tan pronto como acabe la crisis.

Conforme pase el tiempo y te sientas cómoda, ve aumentando la cantidad que ahorras.

5º Controla tus deudas (y no al revés)

Podré salir de casa sin maquillaje, sin mi agenda electrónica o sin mi teléfono celular (incluso sin ropa interior), pero el simple hecho de pensar en estar en la calle sin una tarjeta de crédito me da escalofríos.

Las pocas veces que me ha pasado me siento nerviosa y angustiada. Aunque sepa que no la voy a usar, que ni siquiera voy a estar cerca de una tienda o de un cajero; aunque vaya acompañada de gente de toda mi confianza que me pueda prestar su tarjeta en caso de necesitarla. Estoy incompleta, como si me faltara un brazo. Tengo que regresar a casa por ella.

Somos una generación para la que vivir sin instrumentos de crédito es incomprensible. Cada vez son más fáciles de conseguir (ya sean tarjetas de crédito bancarias y de tiendas departamentales, o créditos de concesionarias de autos u otros productos, todos nos ofrecen prestarnos dinero en diferentes formas sin necesidad –a veces– de muchas garantías o trámites) y cada vez podemos utilizarlos para comprar más cosas (desde artículos de primera necesidad hasta caprichos momentáneos). Son una parte casi "natural" de la vida moderna.

El problema es que nuestra relación con el crédito se está volviendo simbiótica: la necesidad es tal que nos estamos volviendo dependientes, casi adictas, a ellos.

Cuando nos ofrecen una tarjeta de crédito, sin importar si tenemos tres en la bolsa, decimos que sí; cuando nos anuncian un crédito de nómina, automáticamente lo aceptamos y sólo después decidimos en qué lo vamos a utilizar; cuando vemos el anuncio de crédito en la ventana de una tienda de autos, empezamos a salivar pensando cuál es el modelo que vamos a comprar.

Aceptamos el crédito primero y pensamos después. Esta dependencia ha llegado a tal grado que no queda muy claro si somos nosotras las que controlamos nuestras deudas o si son ellas las que nos controlan a nosotras.

Ganchos y mentiras más frecuentes
de quien te ofrece crédito (y sus verdades)

Si algo suena demasiado bueno para ser verdad... probablemente no lo sea.

"Meses sin intereses". Los intereses están calculados dentro del precio final. Pregunta por el precio de contado que generalmente es mucho menor. La diferencia son justamente los intereses "inexistentes".

"Bajos intereses" o *"Paga sólo el 3% en esta tarjeta de crédito"*. ¡Mucho ojo! Los intereses que anuncian muchas veces son mensuales. Hay que multiplicarlos por

12 para saber cuál es el aproximado de la tasa anual que vas a pagar. Si te anuncian una "bajísima tasa de 3%" que en realidad es mensual, estarás pagando la altísima cantidad de 43% al año.

"Sin interés ni comisiones". ¿En serio? ¿Por cuánto tiempo? La mayor parte de estas promociones son por un tiempo corto, después del cual te cobran altos intereses y comisiones y estás obligada a conservar el producto por un periodo bastante largo o existen otros tipos de costos escondidos que vas a tener que pagar.

"Crédito preaprobado por ser un cliente especial". Nadie es consentido del sistema financiero. Eres una clienta y van a ganar dinero de ti.

Una bendita maldición

Parafraseando lo que dijo un famoso político mexicano, el crédito no es bueno ni malo, sino todo lo contrario... es inevitable. Sería maravilloso poder hablar mal de todos los tipos de crédito y sugerirte que los desaparezcas de tu vida y te dediques a usar puro efectivo, pero eso es imposible e irreal.

Por una parte, el crédito tiene grandes ventajas. La primera es la más obvia, gracias a él podemos comprar y hacernos de bienes que de otra manera jamás podríamos tener o que nos tomaría una eternidad comprar. El crédito para una casa te permite comprarla sin tener que esperar

30 años para juntar todo el dinero (para entonces necesitarías más bien comprar ya una casa en un asilo), mientras que el crédito para un coche, un viaje o una computadora te permite disfrutar de estos productos en el momento en que los necesitas o que los deseas sin tener la cantidad total de dinero disponible.

La segunda ventaja de los instrumentos de crédito, particularmente de las tarjetas, es la comodidad y seguridad que nos dan. Tener una tarjeta en la bolsa te hace sentir protegida porque no necesitas cargar tanto efectivo (un plus en el mundo inseguro de hoy) y porque puedes hacer desembolsos que no tenías contemplados en el momento de salir de casa (se te revienta la llanta del auto y necesitas pagar en el taller, tienes que hacer una parada de emergencia en la farmacia o, ¡aleluya!, encuentras en el aparador de una tienda la falda que llevas años buscando, está en tu talla y es la última pieza). Además hay para muchos trámites para los que una tarjeta de crédito es indispensable, si bien no para hacer el pago, sí para respaldar la compra o para identificarte, sobre todo cuando sales de viaje y necesitas hacer reservaciones de hotel, rentar un auto o asegurar los boletos de avión.

Pero es justo este beneficio de comodidad lo que nos lleva a la primera desventaja. El crédito es tan fácil de conseguir, tan conveniente para utilizar, tan placentero y tan indoloro (en la emoción de la compra casi ni sentimos que es dinero), que perdemos la noción de cuánto –¡CUÁNTO!– es lo que estamos gastando.

El monto de nuestras deudas puede ir creciendo poco a poco hasta convertirse, en un abrir y cerrar de ojos, en una cantidad monumental. Un día me ofrecen mi primera tarjeta de crédito y seis meses después tengo tres tarjetas de crédito bancarias más, una de mi tienda departamental favorita, un crédito de nómina, un coche comprado a plazos y todavía tengo ganas de más.

Ahora, más allá del problema del empacho, la mayor desventaja que tienen las deudas es que son caras, carísimas o carérrimas (dependiendo del producto en particular), y si no las sabes usar lo son mucho más.

Un par de ejemplos:*

Quieres comprar una casa y pides un crédito hipotecario por $200000.

Tu pago mensual va a ser de $2750 pesos, lo que quiere decir que a fin de cuentas, después de los 15 años de plazo, habrás pagado $495000. ¡Más del doble del costo inicial de tu hogar.

En este caso, haber obtenido el crédito es maravilloso porque te permite irte a vivir a la casa inmediatamente (o en el tiempo que te tome elegir

---

* Éstos son cálculos simples para demostrar el costo del crédito. No incluyen ningún cargo asociado.

las cortinas); de otra manera hubieras tenido que ahorrar durante más de seis años antes de poder mudarte.

Pero qué pasa si usas tu tarjeta de crédito para "apoyar" un ataque de compras de $10 000.

Firmas todo y pagas sólo el mínimo ($500 al mes); a fin de cuentas, te va a tomar cuatro años y medio pagar tu deuda y vas a pagar un total de $27 700 pesos. ¡Casi el triple! Y esto es sólo si no te retrasas ningún mes y si no sigues acumulando compritas en tu tarjeta, y no incluye comisiones u otros cargos...

Te hace pensar dos veces si los pantalones que compraste realmente son tan maravillosos.

Si sumamos lo caro que pagamos por nuestras deudas a lo fácil que es excederse, la combinación es letal: debo mucho y debo caro... Necesito pagar una enorme cantidad de intereses cada mes tan sólo para mantenerme al corriente... Empiezo a pedir créditos nuevos para poder pagar los viejos... Las deudas me ahogan... Mi fortaleza de Cabrona empieza a derrumbarse, mis sueños de Millonaria se esfuman y, por si esto fuera poco, la fecha de pago coincide con mi periodo menstrual... ¡Auxilio!

Ante esta amenaza, sería maravilloso pensar en una vida de cero crédito, cero intereses y cero problemas, pero para eso tendríamos que irnos a vivir al África subsahariano. Así que en vez de buscar maneras de evitar o exorcizar las deudas, hay que saberlo utilizar.

Qué tanto es tantito

Todas nos preguntamos lo mismo: ¿cuánto es lo *máaaaaaximo* que puedo endeudarme? ¿Cuál es mi límite para poder disfrutar del crédito sin ahogarme en deudas?

Como bien debes saber, lo que importa no es el tamaño sino qué tan bien se sabe usar. Me explico antes de que pienses que estoy cambiando el tema:

Lo más importante no es *cuánto* es lo que puedes deber sino *en qué* vas a utilizar ese dinero que pides prestado. Hay que distinguir entre el crédito bueno y el crédito malo. La diferencia es simple.

El crédito bueno es el que usas para adquirir cosas que te dan orgullo y provecho años después de haberlas comprado o deudas que te ayudan a salir de un apuro: una hipoteca para comprar una casa, buen crédito. Una computadora, buen crédito. Endeudarte por tus estudios, buen crédito. Un viaje para pasar tiempo en familia, buen crédito. Comprar llantas nuevas para tu auto, buen crédito. Una cirugía plástica que te hace sentirte más segura y mejor, excelente.

Por otro lado, el crédito malo es el que destinas a cosas que al llegar a tu casa (o pocos meses después) te preguntas por qué diablos las compraste, empiezas a encontrarles peros o tienes fantasías recurrentes de cambiarlas por un modelo más nuevo y mejor. Firmar una TV de plasma, mal crédito. Otra bolsa del diario, mal crédito. Endeudarte por comprar prendas de marca para impresionar a los demás o accesorios que honestamente no necesitas, malo, malo.

Ojo, hay deudas que son lobos envueltos en piel de oveja; créditos que son malos aunque a simple vista parezcan buenos. Comprar a plazos un coche que necesitas como medio de transporte, bueno. Pero si te endeudas por cambiar ese mismo coche cada dos años por capricho, entonces es malo. Firmar ropa que necesitas para trabajar, vivir o sentirte bien es un buen crédito, pero en el momento en que te endeudas por comprar prendas de marcas más allá de tus posibilidades o en cantidades para la que ni siquiera tienes espacio en tu guardarropa, malo.

La consigna para saber hasta cuánto puedes deber es simple: si es crédito bueno, utilízalo. Si es crédito malo, olvídalo.

Ojo, esto no quiere decir que nunca vas a poder comprarte los pantalones de diseñador que tan bien esconden las caderas o que tengas que cambiar de coche hasta que el que tienes esté hecho chatarra, sino simplemente que para estos gastos uses tu criterio y no te endeudes. Cómpralos de contado una vez que ahorres el dinero para poder hacerlo o fírmalos con tu tarjeta si sabes que puedes pagar el total en cuanto llegue tu próximo estado de cuenta.

Cabrona on top

Si quieres ser tú la que mandas sobre tus deudas y no ellas las que manejen tu vida, tu tranquilidad y tu estado de ánimo, sigue estos consejos:

◆ *Querer no es poder*. ¿Quieres un crédito? La respuesta siempre va a ser que sí. Después de todo, hay tantas cosas que podemos comprar... La pregunta que tienes que hacerte es si puedes cumplir con lo que ese crédito implica. ¿Podrás cumplir con el pago mensual no uno ni dos meses, sino todo el plazo que dure el préstamo?

◆ *Limita las tentaciones*. Tener crédito en la mano y no utilizarlo es como tener a Russell Crowe en bikini enfrente de ti y jurar castidad... Tarde o temprano vas a caer en el pecado. Ni una santa puede abstenerse de abusar del crédito si tiene los instrumentos en la cartera:

- Nadie necesita tener más de una (máximo dos) tarjeta de crédito. Cancela todas tus tarjetas salvo la bancaria que mejor servicio ofrezca o menores intereses cobre; si dejas otra, que sea sólo para emergencias. No necesitas tarjetas de cada una de las tiendas departamentales que visitas (por mejores promociones que prometan). Si te ofrecen otra tarjeta, hazte ciega, sorda y muda.
- Antes de solicitar cualquier otro crédito (automotriz, de nómina...) piensa muy bien en qué lo quieres utilizar. Jamás pidas o aceptes un crédito "por si acaso" o "para ver en qué se ofrece". Ten en mente qué es lo que quieres comprar y evalúa que sea algo que valga la pena antes de buscar un crédito.
- Si te ofrecen un crédito que crees necesitar, no lo aceptes antes de pensarlo muy bien por lo menos una semana.
- Si te llega a casa una tarjeta o cualquier otro crédito "preaprobado", habla inmediatamente al banco (o a quien sea que te lo haya manado) para cancelarlo (apunta el número de cancelación que te den). Ni abras el sobre, no averigües los detalles y no te dejes presionar por los vendedores. Asume que es un virus contagioso y deshazte de él.

- Recuerda que si solicitas algún crédito, aun cuando sea para tu esposo o tu hermana, es tuyo. Si el crédito se incumple por cualquier razón, la responsable de pagarlo eres tú (para más sobre el amor y el dinero revisa la regla 9).

♦ *Úsalos para lo que son.* No todos los créditos son iguales. Por regla general, entre más fácil sean de obtener y utilizar más caros serán (por eso las tarjetas de crédito son las reinas de lo costoso). Si puedes obtener un crédito más barato aunque sea un poco más complicado el trámite, hazlo. Por ejemplo, si quieres comprar una computadora evita usar la tarjeta de crédito y haz el trámite para obtener un préstamo de nómina. Vas a poder obtener lo mismo a un precio más bajo.

♦ *Compara.* No todos los créditos, aun los que son del mismo tipo, son iguales, incluso puede haber muchas diferencias. Antes de aceptar una tarjeta de crédito, una hipoteca, un crédito automotriz o cualquier otro préstamo, busca por lo menos tres opciones diferentes y compara sus costos y condiciones.

♦ *Haz números.* La mejor manera de analizar un crédito es poniendo en contexto lo que te va a costar. Ver tasas de interés y promesas publicitarias muchas veces confunde lo que vas a pagar en pesos y centavos. Pide a la persona que te ofrece el crédito un cálculo de lo que vas a tener que pagar cada mes y la cantidad total de intereses que vas a pagar.

♦ *Crédito o servicio.* Elige la tarjeta de crédito que más se adecue a tu situación.

  • Si vas a poder pagar el saldo total cada mes, es decir, si sólo vas a usar la tarjeta por el servicio y comodidad que te brinda, escoge una tarjeta que te dé beneficios adicionales (puntos, millas, promociones, seguros...).

  • Si vas a financiarte con la tarjeta, esto es, si vas a hacer pagos parciales, quédate con la que te cobre menos intereses. Olvídate de los beneficios adicionales.

♦ *Como mujer suiza.* Siempre paga todos tus créditos a tiempo. Las penalizaciones por retraso, incluso si es un solo día, son muy altas. Verifica de antemano qué debes hacer si el día de pago cae en fin de semana.

♦ *Más allá del mínimo.* Hay ciertos créditos, como una hipoteca o un crédito de auto, en los que la cantidad que tienes que pagar está determinada, pero en otros (tarjeta de crédito y otros créditos bancarios) tú puedes decidir cuánto pagar:

  • Nunca, pero nunca, pagues menos del mínimo. Los castigos son enormes y la deuda puede convertirse en una bola de nieve que nunca acabarás de pagar. Si no puedes cumplir con esa cantidad, analiza muy bien la situación de tus deudas y toma soluciones drásticas (revisa el próximo recuadro).

* Paga lo máximo posible más allá del mínimo. Entre menos tiempo te tardes en pagar el crédito, menos intereses pagarás y más rápido saldarás la cuenta.

Por una deuda de $5 000 en tu tarjeta de crédito:

	En total vas a pagar	Intereses pagados	Tiempo que te tomará acabar con la deuda
Si pagas sólo el mínimo ($250 al mes)	$13 862	$8 862	55 meses
Si pagas el doble del mínimo	$6 840	$1 840	14 meses
Si pagas cuatro veces el mínimo	$5 808	$808	6 meses

◆ *Asume tus responsabilidades*. Cuando pides un crédito estás firmando un contrato que implica responsabilidades que debes cumplir. Si hay algún problema no puedes excusarte con un "Es que yo no sabía". Revisa la regla 7 para saber cuáles son y cómo debes manejarlas.

◆ *Haz fama…* Aun cuando el crédito te espante, no lo elimines de tu vida. Es importante que tengas y utilices bien por lo menos un crédito que esté a tu nombre para que empieces a formar tu historial crediticio (un expediente en el que se evalúa qué tan buena deudora eres y por tanto qué tan fácil es para los bancos y otras instituciones prestarte dinero); así, si en el futuro necesitas un crédito podrás obtenerlo más fácilmente. Lo mejor que puedes hacer es tener una tarjeta barata que uses poco y que pagues puntualmente para que tu historial esté en orden.

Para de sufrir

Cada vez que te llegan los estados de cuenta de la tarjeta de crédito o los avisos de pago de tus créditos ¿te dan ganas de llorar o definitivamente ya ni los abres? ¿Sueñas que los banqueros te persiguen y por más que quieres no hay manera de que pagues cada mes ni siquiera el mínimo de lo que debes?

¿Estás psicótica? No, estás sobreendeudada. ¿Qué hacer?

1° Separa tus deudas en tres:

- Las deudas tipo A. Son créditos que están garantizados por alguno de tus bienes o una cuenta de ahorros, de modo que si no pagas la deuda te los pueden quitar (embargar tu casa o coche si no pagas la hipoteca o el crédito automotriz, o congelar tu cuenta bancaria si no pagas un crédito de nómina).

- Las deudas tipo B. Las que no están respaldadas por ninguno de tus bienes (como la tarjeta de crédito, pero revisa el contrato para asegurarte de ello).
- Las deudas tipo C. Lo que le debes a familiares y amigos.

2º Organiza tu presupuesto y reduce al máximo los excedentes y gastos innecesarios. Usa la cabeza y recorta con dureza. Más vale apretarte el cinturón fuertemente unos meses y no arrastrar tus deudas y angustia durante años.

Habla con tus amigos y familiares y pídeles un periodo de gracia (con esto puedes olvidarte de las deudas tipo C por un tiempo).

3º Usa todo el dinero extra que puedas exprimir de tus ingresos para repagar tus deudas A y B. Sigue estas reglas de prioridades:

- Si no te alcanza para llegar al mínimo de todas, paga primero el de las deudas tipo A.
- Si puedes cumplir con el pago de todas y todavía te sobra algo de dinero, abona una mayor cantidad a las deudas que te cobren una mayor tasa de interés.

- Una vez que acabes de pagar tus deudas o reduzcas el saldo, retoma tu compromiso de pago con familiares y amigos.

Evita a toda costa obtener nuevos créditos o aumentar tus deudas mientras no acabes de pagar las que ya tienes.

4º Además de organizar tus deudas, puedes seguir estos pasos de manera simultánea:

- Consolida tus deudas. Muchas instituciones financieras ofrecen un gran préstamo con el que puedes repagar todas tus deudas (o una gran parte). Esto te ayuda porque ahora sólo tienes que hacer un pago muchas veces a una mejor tasa de interés y un menor pago mensual.

- Negocia. A tus deudores tampoco les conviene que dejes de pagar. Si caes en un hoyo financiero acércate a las empresas a las que les debes (bancos y similares), explícales la situación y busca llegar a un acuerdo de reestructuración con ellas que sea conveniente para ambas partes.

6° Nadie maneja el dinero mejor que tú (aunque no lo creas)

El sexo débil. Malas para los números. Pésimas para manejar el dinero. Demasiado hormonales como para tomar buenas decisiones de inversión. Hemos oído cientos de veces estas frases y el problema es que a veces hasta nosotras mismas las creemos, por eso asumimos que es mejor dejar las decisiones de dinero a otras personas, especialmente del sexo masculino (el sexo "fuerte, racional y bueno para manejar el dinero").

Pero, ¡oh sorpresa! Lo que nadie nos ha dicho es que si hay un grupo particularmente bueno para manejar el dinero (en especial el propio) son las mujeres. Somos, por lo general, mucho más intuitivas que los hombres, tenemos una mayor capacidad para establecer prioridades, somos más racionales (sobre todo bajo presión) y mucho más inteligentes para decidir entre diferentes opciones. Todas estas características son indispensables para ser excelentes inversionistas.

Y si además somos Cabronas, lo hacemos muchísimo mejor.

Esto no implica que debas dejar tu trabajo, correr a un banco o a una casa de bolsa y pedir empleo. Simple y sencillamente, quiere decir que tienes todas las armas en ti para hacer que tu dinero, ese que estás ahorrando, te dé las máximas utilidades, te permita comprar más cosas, te ayude a tener más tranquilidad y te convierta más rápidamente en Millonaria.

Ahorrar no es suficiente

Sí, ya sé, hace apenas unas páginas te dije que el arma más importante para volverte Millonaria era ahorrar, pero ésa es sólo la mitad de la historia.

Ahorrar es la primera parte de tu camino a la riqueza. Si quieres tener "el pastel completo" (y el coche, y los viajes, y la seguridad...) necesitas invertir ese dinero que estás guardando para que crezca y crezca y crezca.

Imagina esto. Tu *cabronez* te permite empezar a ahorrar y después de un tiempo tienes una buena lanita guardada en un cajón de tu casa o en el bolsillo del saco que nunca usas.

¿Qué le puede pasar a ese dinero?

Número uno, te lo puedes gastar. En un momento de tentación o de necesidad lo más fácil es sacar una pequeña parte de tu guardadito... y luego otra... y otra... hasta que te das cuenta de que ya no tienes nada. Hasta a la Cabrona más prudente le resulta difícil resistir la tentación de tener dinero guardado al alcance de la mano. Posibilidad de que así se acaben tus ahorros: 75 por ciento.

Número dos, el dinero puede desaparecer de otra forma. Te lo pueden robar, lo puedes perder (más de una fortuna se ha ido entre los bolsillos y dobladillos de la ropa que recibe el ropavejero) o puede desaparecer ("¡¿En dónde dejé el dinero?!")... Posibilidad de que así se acaben tus ahorros: 63 por ciento.

Y, *número tres*, tus ahorros empiezan a perder valor. El dinero que guardas hoy te va a alcanzar para comprar menos cosas conforme pasa el tiempo y los precios de lo que quieres comprar aumentan (algo que es inevitable). Si ese guardadito te alcanza hoy para comprar una bolsa de lujo, en cinco años te va a permitir apenas comprar una cartera. Puede ser que tengas la misma cantidad de dinero en billetes, pero éstos te alcanzan para mucho menos. La posibilidad de que así se acaben tus ahorros es del 100% porque así funciona el mundo.

Incluso si guardas tus ahorros en la cuenta de tu chequera (que no te da nada de intereses), el dinero perderá parte de su valor y en vez de alcanzarte cada vez para comprar más, cada día te permitirá comprar menos.

En vez de estar perdiendo el valor de tu dinero (que de por sí cuesta un enorme esfuerzo no gastarse), lo que necesitas es recibir un premio por ahorrar: que cada peso que guardes te genere más y más y más. Que la prudencia y la sensatez que tienes que utilizar para no quemar todo el dinero que te llega a las manos se vean recompensadas.

Eso es justamente lo que significa invertir: saber cómo y en dónde poner tu dinero para que te dé utilidades y, en vez de perder valor, se haga más grande. Que el peso que hoy guardas, mañana sean dos y pasado mañana diez.

Pero no puedes conformarte con un premio cualquiera (¡una nunca debe conformarse con cualquiera!). El premio para tus ahorros debe ser lo suficientemente grande para que el dinero no sólo conserve su valor (o sea, que puedas seguir comprando lo mismo a lo largo del tiempo), y para que además crezca, es decir, que te permita tener la capacidad de comprar cada vez un mayor número de cosas.

Para que te desmayes, pongamos en números la importancia de premiar tus ahorros con una buena inversión:

Dos mujeres, una Cabrona y una Linda, consiguen $100 000 (los ahorraron, los heredaron de un tío millonario, se sacaron la lotería… por el momento no importa cómo los consiguieron). La mujer Linda a la que le da miedo invertir decide dejarlos intactos en su cuenta de cheques, mientras que la Cabrona decide aprender a invertir…

¿Qué es lo que pasará con el dinero de cada una?

Linda y asustada		Cabrona y Millonaria
$100 000	Al inicio	$100 000
$95 000	Año 1	$109 000
$90 250	Año 2	$118 810
$85 735	Año 3	$129 502
$81 450	Año 4	$141 158
$77 378	Año 5	$153 862
$59 873	Año 10	$236 736
$35 848	Año 20	$560 441

Veinte años después, la mujer Linda tendrá $100 000 en su cuenta de cheques, cuyo valor en realidad equivaldrá a $35 848, porque el precio de todo subió. O sea que habrá perdido dos terceras partes de su dinero... En otras palabras, perdió el tiempo y una fortuna.

Por otro lado, la Cabrona va a tener $560 441 en su cuenta de inversión. Su dinero se habrá multiplicado más de cinco veces, lo que quiere decir que tendrá muchísimo más dinero y la posibilidad de comprar muchísimas más cosas... O lo que es lo mismo, va a ser una Cabrona con mucho, mucho, mucho más dinero.

¿Necesitas otra razón para aprender a invertir? No es nada complicado aprender a hacerlo. Simplemente tienes que saber algunas cosas...

*Lo que toda Cabrona debe saber
antes de empezar a invertir*

No hay fórmulas mágicas para invertir y quien te diga que existen te está viendo la cara. Mucha gente vende instrumentos financieros que anuncia como "mágicos, únicos, maravillosos, que te van a hacer Millonaria en un abrir y cerrar de ojos".

Estos instrumentos o esquemas son generalmente muy riesgosos y la posibilidad de perder tu dinero al invertir en ellos es muy alta. La única manera de que tu dinero te dé los máximos rendimientos en el largo plazo es siguiendo estos consejos.

El mejor aliado de tu dinero es el tiempo

Volvamos a la diferencia entre la *Linda* y la *Cabrona*. La mujer Linda decide invertir $20 000 para su retiro. Como estaba ocupada en otras cosas, haciéndose manicura o pensando en el príncipe azul, el dinero lo invierte hasta que cumple 40 años.

Al momento de retirarse (a los 65 años), la mujer Linda tendrá en su cuenta $137 000. Buena cantidad de dinero, indudablemente.

Pero ahora veamos qué pasó con nuestra Cabrona.

Ella decidió invertir la misma cantidad para su retiro, en los mismos instrumentos, pero en vez de esperarse hasta cumplir 40 años, planeó y ahorró (o sea, leyó este libro) e hizo la inversión 10 años antes, al cumplir 30.

Al momento de retirarse, la Cabrona tendrá en su cuenta $296 000. Más del doble de dinero. Sólo por haber tenido la visión y el empuje de empezar un poco antes.

La lección es clara. Empieza a invertir lo antes posible. El tiempo es tu mejor aliado y es lo que hace que tu dinero crezca exponencialmente.

EL SEGUNDO MEJOR ALIADO DE TU DINERO ES LA CONSTANCIA

Imagínate ahora que esta Cabrona es más Cabrona aún (y por lo tanto más Millonaria) y además de ser anticipada, es constante. Decide invertir $20 000 a los 30 años, pero además cada año deposita en su cuenta de inversión $20 000 más (haciendo el trabajo y tomando las buenas decisiones de ahorro que se requieren para juntar cada año esta cantidad).

Al momento de retirarse, a los 65 años, va a tener en su cuenta... Agárrate... $3 500 000 Léelo bien: tres millones quinientos mil pesos... ¡Vaya premio por ser anticipada y constante! Vale la pena, ¿o no?

La lección es, nuevamente, clarísima: sé lo más constante posible y aumenta poco a poco tus ahorros e inversiones.

No pongas todos tus huevos en la misma canasta

¿Te acuerdas del cuento de la lecherita que iba al mercado con todos sus huevos en la misma canasta soñando con las riquezas que iba a conseguir al venderlos, cuando de pronto tropezó y todos sus planes, literalmente, se estrellaron?

Esta lecherita es el ejemplo de cómo invierten las mujeres Lindas e inocentes, poniendo todo su dinero en el mismo instrumento ("Invierto todo mi dinero en acciones porque me han dicho que me van a dar muchas ganancias").

Las Cabronas y Millonarias, por el contrario, diversifican. Repartimos el dinero que tenemos ahorrado entre varios instrumentos financieros de características diferentes: una parte en renta fija (como inversiones a plazo o fondos de inversión de deuda) y otra parte en renta variable (como acciones o sociedades de inversión que inviertan en acciones). Elegir "un poco de todo" permite, en el largo plazo, conseguir mayores ganancias y menores riesgos, ya que en caso de que alguno de los instrumentos tenga resultados poco favorables (como puede suceder con todos los instrumentos en ciertos momentos), éstos se compensan con la buena evolución de otros.

No quemes lo que ganas

Veamos ahora qué pasa con otro par de mujeres, una vez más, una Linda y otra Cabrona, que tienen $10 000 cada una para invertir y elijen una cuenta que les da 8% de rendimiento. Ambas deciden invertir el dinero por 20 años.

La mujer Linda invierte su dinero, pero cada año revisa sus ganancias y saca lo que ganó en intereses para gastárselo en cosas que realmente no quiere ni necesita. Como su lógica es "Si ya tengo este dinerito extra por qué no me lo gasto", cada año retira y gasta $800.

Veinte años más tarde, retira su inversión y se da cuenta de que tiene solamente los $10 000 originales, pues los intereses –$16,000 en total– se los fue gastando a lo largo de los años en cosas que ya ni recuerda.

La Cabrona y Millonaria decide hacer las cosas de diferente manera. En vez de gastarse sus intereses, cada año los reinvierte para poder ganar intereses de sus intereses, premios de sus premios.

Veinte años después, la Cabrona retira su inversión y tiene en sus manos $46,600 pesos. Sin paciencia fue recompensada con más dinero para gastar en lo que quiera.

No seas copiona

Toda Cabrona y Millonaria es única. Y no, no te lo digo como un rollo motivacional, sino como la base de tu estrategia de inversión. No eres igual a nadie, por lo que la manera en la que inviertes no la puedes copiar de nadie más; tienes que adecuarla a tus necesidades, objetivos y carácter particular.

Valga el dicho, pero no todas las inversiones son para todas las Cabronas. El mismo instrumento financiero que parece ser ideal para una joven soltera puede convertirse en una inversión peligrosa para una mujer mayor retirada y más conservadora.

Toda estrategia de inversión debe estar hecha de acuerdo a tus características y necesidades particulares, es decir, a tu "perfil de inversionista", el cual depende de:

Tu edad y tus responsabilidades. Mientras más joven seas, más tiempo falte para tu retiro y menos responsabilidades tengas con otras personas (es decir, que no tengas hijos u otras personas que dependan de ti), mayores son los riesgos que puedes asumir a la hora de invertir. Por el contrario, conforme pasen los años (aunque dejes de cumplir años después de los 35, es un hecho que el tiempo pasa) y más responsabilidades tengas, más conservadoras deben ser tus decisiones.

Tu carácter. Hay Cabronas naturalmente más arriesgadas que otras. Algunas mujeres pueden tolerar (es más, buscan) mayor riesgo en sus inversiones con la expectativa de tener mejores rendimientos, mientras que otras prefieren tomar decisiones más mesuradas y no por eso son menos Cabronas o Millonarias, simplemente tienen una manera diferente de invertir.

CONOCE LOS RIESGOS

Los mercados financieros son como los hombres: muchas veces te prometen cosas que no pueden cumplir. Éste es el riesgo financiero. La posibilidad de que las ganancias que promete o esperas de una inversión no se hagan realidad.

También como los hombres, hay instrumentos más riesgosos que otros. Y no por nada, siguiendo con la comparación, los que te prometen mayor placer (digo, rendimiento) son los más incumplidos y riesgosos.

Pero no es cuestión de huirle al riesgo por completo. En las inversiones, como en todo, a veces es necesario un poco de adrenalina para mantener la vida interesante y las ganancias altas. Lo que sí tienes que hacer es conocer los riesgos que cada instrumento implica antes de invertir en ellos para así poder tomar mejores decisiones.

¿Bajo qué condiciones puedes no ganar intereses? ¿Cuándo puedes, si es el caso, llegar a perder el dinero que inviertes? ¿Alguien respalda ese instrumento en caso de haber algún problema?

Cuando veas un instrumento que anuncie o presuma grandes ganancias, analiza muy bien por qué es y cuáles son los riesgos que implica invertir en él.

Recuerda, más rendimiento prometido es igual a más riesgo.

RIESGOMETRO DE HOMBRES E INVERSIONES

El riesgo de los instrumentos de inversión y su equivalente en hombres...

Métete con inversiones de tu tamaño

Y no, no me refiero al tamaño de tu cartera, sino al tamaño de tus conocimientos financieros.

Como bien te enseñaron desde la primaria (y seguro habrás reforzado a lo largo de tu vida como mujer), no juegues juegos que no sabes jugar. Ésa es la manera más segura de perder dinero.

Te presumen la maravilla de los derivados de tipos de cambio. Te aconsejan invertir en acciones chinas para hacer una fortuna. Pero tú ni entiendes lo que es un derivado ni sabes en dónde está China.

Jamás inviertas en instrumentos que no sabes cómo funcionan, aun cuando tu vecina, tu asesora, tu mamá o tu suegra te presuman la enorme cantidad de dinero que vas a ganar si inviertes en ellos. La ignorancia es la forma más fácil de perder dinero.

Escoge inversiones que sepas cómo funcionan y que, por lo tanto, puedas elegir con mayor inteligencia. Si te interesa invertir en un instrumento "diferente", aprende primero de qué se trata y los riesgos que implica, y después invierte en él una cantidad de dinero mínima para poder ir, poco a poco, entendiendo en la práctica cómo funciona.

S.O.S.

Buscar asesoría en tus inversiones, una persona que te oriente y ayude a tomar mejores decisiones, puede ser una buena idea. El número de opciones e instrumentos de inversión que existen en el mercado es enorme y cada día crece más. Contar con una persona que te oriente en qué y cuándo comprar y cuándo vender es, más que un lujo, una necesidad.

Recuerda que mereces la mejor asesoría sin importar el tamaño de tus inversiones. Revisa la regla número 7 para poder elegir un asesor que te dé el servicio y la ayuda que requieres.

El plan de inversión de una Cabrona y Millonaria

Si quieres invertir como Cabrona para volverte Millonaria sigue este plan. Recuerda que en el tema de inversiones no hay recetas de cocina ni soluciones universales, por lo que debes adecuar este plan a tu carácter y necesidades.

1 Si tienes poco dinero ahorrado y no llegas al monto
mínimo que necesitas para
invertir, junta tus ahorros, poco a
poco, en...

> Inversiones bancarias y tradicionales a corto y mediano
> plazo (pagarés a 3 o 6 meses, por ejemplo)

2 Una vez que tengas suficiente dinero divídelo en
dos estrategias de inver-
sión diferentes (pueden ser dentro
de la misma cuenta de inversión,
sólo en instrumentos diferentes):

+C (la estrategia "Más
Cabrona") enfocada a
darte mayor seguridad, tranquilidad y cumplirte pequeños gustos.

> +C: Elige entre 1 y 3 instrumentos diferen-
> tes de estos tipos:
> • Fondos de inversión de deuda de corto
> plazo o mediano plazo
> • Instrumentos bancarios tradicionales de
> corto o mediano plazo
>
> 60%-70%
> de tu dinero

+M (la estrategia "Más
Millonaria): enfoca-
da a darte mayores rendimientos
y para comprar grandes cosas.

> +M: Elige entre 1 y 2 instrumentos diferen-
> tes de estos tipos:
> • Fondos de inversión de deuda de largo
> plazo o mixtos
> • Fondos de inversión de acciones (renta
> variable)
> • Otros instrumentos agresivos
>
> 30%-40%
> de tu dinero

3 Si necesitas usar el dinero
que tienes ahorrado o
necesitas hacer un retiro
de tus ahorros...

> Si necesitas dinero para enfrentar alguna emergencia o
> para hacer una "pequeña compra" usa el dinero que tienes
> invertido en alguna de las cuentas de la estrategia + C
>   El dinero que tienes invertido en +M sólo lo debes
> utilizar para el largo plazo (5-10 años después de haberlo
> invertido), ya sea para hacer "grandes gastos" como la
> compra de una casa, la universidad de tus hijos o guardar-
> lo para tu retiro.

4 Conforme vayas ahorran-
do más dinero deposítalo,
repartido en el mismo
porcentaje, entre tus cuentas
+C y +M

5 Cada seis meses revisa
y evalúa los resultados
de tus inversiones y haz
los cambios que consideres
necesarios.

7º Que no te vean la cara de p_ _ _ _ _ _

Escena: Interior de la casa de la abuelita de un banco u otra institución financiera, casa de bolsa, distribuidora de fondos de inversión, aseguradora, casa de cambio, etcetera.

Personajes: Caperucita Roja (o sea, tú) y el lobo feroz... perdón, un banquero o asesor financiero.

Tú: Señor banquero, ¿para qué son los productos que ofrecen a todos por igual sin importar si soy una viuda de 60 años o una joven de 25?

Banquero Feroz: Son para atenderte mejor.

Tú: ¿Y para qué son los folletos y contratos inentendibles que tenemos que leer y firmar (y que nunca nos explican)?

Banquero Feroz: Son para atenderte mejor.

Tú: ¿Y para qué son las comisiones escondidas que hay en sus productos?

Banquero Feroz: Son para atenderte mejor.

Tú: Y, por último, ¿para qué son las promociones de toallas gratis, vajillas, rifas y sorteos en vez de ofrecernos mejores rendimientos?

Banquero Feroz: ¡Son para COMERTE mejor!

...Y es así como acaban nuestras mejores intenciones de ser Millonarias y de tomar buenas decisiones que hagan crecer nuestro dinero. Devoradas por las instituciones financieras que nos atraen con promesas y promociones que siempre tienen un lado oscuro; asechadas por productos con rendimientos mediocres y que nunca estamos seguras si son los adecuados; y atendidas, muchas veces, por personal que nos recibe con el cronómetro en la mano y la desesperación en la boca.

Y esto es cuando nos va bien, porque en caso de tener una duda o un problema, la situación se convierte en un vía crucis de llamadas en espera, de tener que repetir cientos de veces la misma historia a personas diferentes (al encargado, al subjefe, al jefe, al otro jefe, al supervisor...) y de topes en la pared.

Caperucita Roja tenía la ventaja de contar con un cazador con escopeta. Pero ¿y nosotras, qué?

Lucha de gigantes

La relación entre nosotras y los bancos es complicada no porque seamos incompetentes o incapaces, sino por la naturaleza misma de las instituciones financieras:

Es una relación de desiguales. Los bancos te podrán decir que eres "la cliente consentida", que "te entienden y están comprometidos con tu futuro" (y cualquier otro slogan publicitario), pero la verdad es que es una relación en la que ellos tienen el poder ¡y lo saben!

Para ellos eres más que un cliente... Eres un lechón en el rostizador. Los bancos ganan dinero de acuerdo a los productos que te ofrecen; con algunos ganan más, con otros ganan menos. ¿Cuáles crees que te van a ofrecer primero o con más emoción? ¡Los que les dejan a ellos más dinero! No importa si ésos son los más adecuados para ti. ¿A quién van a atender mejor: a los clientes de grandes cuentas o a las personas comunes? No se necesita ser un genio para responder.

Sería maravilloso pensar que podemos pasar nuestra vida sin tener que pisar jamás un banco o una casa de cambio, pero en la realidad estas instituciones son como los hombres: un mal necesario. No podemos vivir sin ellos, por lo que hay que saberlos manejar para que funcionen a nuestro beneficio (y no al revés).

Para poder manejar con éxito y a tu beneficio a los bancos, hay una verdad que te tiene que quedar muuuuy clara:

Nadie consigue nada por su linda cara (por bien que te esté funcionando el botox). Si quieres que te traten como a un cliente de primera y que te den el servicio que te mereces lo tienes que exigir, no con pancartas ni amenazas, sino siendo una cliente inteligente y, valga la redundancia, siendo una Cabrona.

Cabrona ante los bancos,
aseguradoras y otros vendedores financieros

Considera esta lista como la ley que debes seguir para tratar con cualquier institución financiera; incluye tanto los derechos (lo que debes exigirle al banco) como las responsabilidades (lo que te debes exigir a ti misma) para recibir mejor servicio y mejores rendimientos con tu dinero.

Derecho 1: *La que manda eres tú, sin importar el tamaño de tu cuenta*

No importa si tienes invertido mil o un millón de pesos, tú eres el cliente y como tal mereces que te atiendan como tú lo requieres, dedicándote el tiempo, el interés y la atención que necesites.

Responsabilidad 1: *Antes de contratar, compara*

Casi todas las instituciones financiera ofrecen los mismos productos, lo que cambia es el servicio que te brindan y las comisiones que cobran. Antes de contratar a una institución, sea para abrir una cuenta de banco o para hacer una inversión, ve de "compras" a diferentes bancos y compara lo que te ofrecen (menores comisiones, mejor servicio, más comodidad...) para tomar una decisión informada.

Derecho 2: Salir de dudas

Los asesores de los bancos deben tener el tiempo, la paciencia y los conocimientos para explicarte y responder, tantas veces como sea necesario, a tus dudas e inquietudes, ya sea para aclarar detalles sobre los productos que te ofrecen o para explicarte cómo ven el panorama económico. Como bien te repitieron toda la primaria, el burro no es el que pregunta sino el que se queda con la duda. No hay preguntas demasiado simples que no merezcan respuesta. Así preguntes mil veces qué es un Cete, la persona que te atiende en el banco tiene que explicártelo mil y una veces, y si no sabe o no se da a entender, debe encontrar a otra persona que te pueda ayudar.

Responsabilidad 2: Conocer todas las comisiones y condiciones de los productos que contratas

"Es que no sabía" o "Pues no me dijeron" no son excusas válidas para justificar no saber cuánto tienes que pagar por anualidad o cuál es la comisión por no cumplir con el saldo mínimo de una cuenta. Todos los productos y servicios que te ofrecen los bancos tienen un precio (a veces varios precios por el número de cuotas y comisiones que cobran). Debes tener muy claro cuánto vas a tener que pagar por el producto que estás contratando y las penalizaciones en caso de que incumplas alguna condición.

Derecho 3: Tener todo por escrito

Todo lo que te ofrecen, prometen, juran y perjuran en una institución financiera debe estar detallado en papel, desde las promesas de rendimientos y el monto de las comisiones, hasta los plazos o las condiciones especiales.

Responsabilidad 3: Nunca firmes nada sin leer hasta la letra más pequeña

Tu firma es tu palabra de honor, nunca la des sin revisar y entender perfectamente bien cada parte del contrato. Si un punto no te queda en claro, por más mínimo que parezca, pide que te lo detallen hasta que lo entiendas a la perfección (ya sea que te lo explique una persona del banco o algún amigo o conocido). Hacerle caso a frases como "No te preocupes si no lo entiendes, probablemente nunca lo necesites", "En caso de un problema, luego lo arreglamos entre amigos" o "No te agobies leyendo la letra pequeña, es simplemente un requerimiento del departamento legal" es peligrosísimo porque te deja sin protección en caso de existir algún problema.

Derecho 4: Recibir un servicio individualizado

Podrás ser sólo un cliente más entre los diez millones que atienden, pero no por eso te tienen que dar recomendaciones como si estuvieras en una línea de producción en masa, ofreciéndote lo mismo que a los demás clientes, como si todos fueran iguales (lo cual generalmente es lo más rentable para el banco). Todo agente financiero debe dedicarte el tiempo necesario y conocer tu carácter y tus necesidades financieras para poder recomendarte de entre toda la gama de productos que maneja la institución (cinco cuentas de ahorro diferentes o diez distintos fondos de inversión), la que más se adecue a ti.

Responsabilidad 4: Revisar los resultados

Tratar con un banco no es cosa de "lo hago una vez y me olvido" (no, no es como la lavadora que aprietas un par de botones y listo). Tienes que revisar tus estados de cuenta mes a mes para verificar los cargos que se te están haciendo y confirmar que los rendimientos vayan en el camino correcto. Si tienes cualquier duda, por mínima que sea, debes aclararla al instante, antes de que se convierta en un problema.

Revisa también, una vez al año, tu historial de crédito (que es la manera en que los bancos te evalúan) para vigilar que no exista ningún error y poder corregirlo en caso de que lo haya. En México lo puedes consultar directamente (y de manera gratuita una vez al año) en el Buró de Crédito <www.burodecredito.com.mx>. En Estados Unidos cientos de empresas ofrecen este servicio.

Reclamo, luego existo

¿Un diplomado en quejas? ¿Una maestría en reclamaciones? ¿Un curso que nos enseñe a exigir? Puede parecer ridículo e innecesario, pero aprender a "quejarse profesionalmente" es una de las habilidades más importantes y provechosas al tratar con un banco u otra institución financiera. Forma es fondo. Muchas veces la manera en que nos quejamos determina si conseguimos o no lo que estamos exigiendo. La que grita o amenaza más fuerte no siempre es la que gana, sólo es la que se queda más ronca.

I. Antes de cualquier problema, cuando todo es miel sobre hojuelas y estás apenas por firmar un contrato o comprar algún producto, pregunta cuáles son los canales y pasos a seguir en el caso de que exista alguna "diferencia de opiniones". Apúntalos y guarda esta lista en tu cajón.

II. Antes de hacer una reclamación, evalúa cuál es el canal más adecuado. Muchas veces elegimos el teléfono o el correo electrónico, que si bien son cómodos pueden ser medios bastante ineficientes y lentos. Averigua la posibilidad, y el modo, de hacer la reclamación en persona.

III. Sea cual sea el canal que elijas para hacer los trámites, llega preparada. Esto implica tener contigo todos los papeles relacionados con tu reclamación (contratos, estados de cuenta, avisos, recibos). También es útil tener a la mano una lista de todos los puntos que quieres discutir y una lista cronológica de cómo han ocurrido los hechos ("El día 30 de abril abrí una cuenta"... "El 28 de noviembre recibí mi estado de cuenta con un cargo adicional").

IV. Si te hacen saltar de persona en persona (de la supervisora al jefe, del jefe al jefe del jefe) apunta el nombre y los datos (puesto, teléfono, etc.) de cada una de ellas y las respuestas que te han dado. Así puedes evitar el "Me atendió una señorita pero no me acuerdo cómo se llama" y agilizar el recuento del problema.

V. Por último, tienes que saber que siempre existen apoyos o instituciones que pueden ayudarte a resolver el problema o presionar a los bancos para que te den una solución, desde un abogado hasta un organismo de atención a los usuarios de servicios financieros (en México, la responsable de ayudarte es la Condusef: <www.condusef.gob.mx>. Ojo, no amenaces con acudir a una de estas instancias si no estás realmente preparada o dispuesta a hacerlo (esto sólo te resta seriedad). Si decides acudir a ellas, revisa esta lista desde el punto 2 para hacer tu reclamación más rápida y eficiente.

8º Cabrona preparada vale por dos

En los cuentos de hadas nunca pasa nada malo y los finales siempre son felices. Podrá haber dragones, batallas, maldiciones y envenenamientos, pero basta con un verdadero beso de amor, el genio de una lámpara o un amuleto mágico para que todo se resuelva como por "arte de magia". Al dar vuelta a la página, todo el reino regresa a la normalidad...

Nada de tener que pagar el costo del tratamiento médico por los efectos secundarios del veneno de la manzana; nada de tener que reponer el carruaje que se destrozó en la batalla; nada de necesitar un guardadito para poder mandar a la goma al "príncipe azul" que resultó aburrido, adicto a ciertas pociones y con una mamitis terrible; nada de tener que ahorrar para cuando acabe el reinado y haya que vivir en el retiro.

¡Si tan sólo fuera así la vida real! Sin choques de automóvil, sin reparaciones inesperadas de la casa, sin enfermedades repentinas, sin emergencias (reales o emocionales) para las que el dinero es indispensable. Sin vejez. Sin los contratiempos inesperados que nos sacan de balance y que nos dan un golpe financiero (pequeño o grande, según sea el caso).

Pero la vida está llena de estos baches y si no estás preparada para enfrentarlos no vas a poder ser realmente Cabrona ni Millonaria. Puedes haber ahorrado e invertido por meses o años, puedes ser una genio con tus inversiones y asertiva en todos tus tratos financieros, pero si no estás lista para enfrentar los golpes de la vida antes de que ocurran, puedes perderlo todo.

Imagínate, todos tus sueños financieros comienzan a hacerse realidad (tienes más independencia, mejor vida, más bienes) cuando de repente, en un abrir y cerrar de ojos, un evento imprevisto lo cambia todo y acaba con tus ahorros, aumenta tus deudas y te regresa de puntitas al punto de angustia y a la debilidad de, ¡otra vez!, no tener control sobre tu vida financiera.

Hay que prever desde los imprevistos más simples hasta los más complicados. Una gotera en el techo de tu casa que inunda la sala, ¿cómo la pagas? ¿Con tu tarjeta de crédito que recién acabas de saldar? ¿Gastando el dinero que tienes ahorrado para un viaje que quieres hacer el próximo año? ¿O de plano decides no hacer el gasto y te conformas con vivir entre charcos y humedades?

O si te das cuenta de que tu relación de pareja no funciona y quieres caminar hacia adelante (correr, más bien dicho), ¿te quedas en ella sólo porque no tienes el dinero suficiente para dar el brinco? ¿Y qué pasa si te enfermas y necesitas un tratamiento médico?

La vida está llena de eventos inesperados que, si algo tienen en común, es que requieren de dinero para resolverse.

No puedes ser Cabrona ni Millonaria si no estás preparada para hacerles frente. Pero, ¿cómo planear para eventos que, por definición, no puedes predecir? *No en balde son inesperados.*

He aquí el primer error: puesto que sabemos que la vida, de una manera u otra, nos va a sorprender, no existen eventos verdaderamente sorpresivos. Lo único que desconocemos son los "detalles" de esas sorpresas, pero es un hecho que siempre habrá topes en el camino amarillo hacia la riqueza.

Existen tres maneras diferentes para hacer frente a estas sorpresas:

- ◆ Evitarlas a toda costa. Vivir en una habitación recubierta con una burbuja de plástico y aire filtrado, sin moverte y comiendo verdura y fibra. Imposible… Aun así hay riesgos (como el de morirte del aburrimiento o del dolor de estómago por los cólicos).
- ◆ Tomar los pasos lógicos (¡sin caer en extremos!) que disminuyan la posibilidad de que un evento ocurra. Dejar de fumar, no volar en parapente o no manejar después de tomar alcohol o cuando ves a tu ex con otra son recomendaciones indudablemente sabias, pero tampoco nos hacen inmunes a sufrir reveses.

- Tener en tu cajita de tesoros (junto a esas maravillosas medias que te fajan muy bien la lonjita de la cintura) ciertas "armas de protección financiera" que te permitan resolver esos golpes bajos que a veces da la vida y asegurarte de que, en caso de que algo ocurra, estarás protegida y que tus planes para volverte Millonaria seguirán adelante.

No, estas armas no te garantizan que jamás vayas a pasar por algún contratiempo ("Espejito de jerez, todo lo que digas será al revés"), pero te dan la seguridad de que en el momento en que enfrentes un momento difícil no tendrás que preocuparte por el tema del dinero y podrás enfocarte a resolver la dificultad en sí sin tener que ahogar tus tarjetas de crédito, pedir dinero prestado o meterle mano a tus ahorros.

Estas armas te permiten enfrentar el problema, resolverlo y continuar en el camino hacia una vida Millonaria.

Si te enfermas, te permiten no estar desesperada por encontrar el dinero para el tratamiento sino dedicar tus energías a encontrar el mejor. Si te despiden de tu trabajo, puedes tomarte el tiempo para encontrar uno nuevo sin estar presionada por cómo vas a pagar la renta del próximo mes. Si chocas tu coche, no estarás desesperada por pensar dónde vas a conseguir el dinero para pagar los daños que ocasionaste (¡Cómo, si nadie se depila las cejas mientras está parada en un alto!..), y podrás asegurarte que nadie esté lastimado y reemplazar tu auto lo antes posible.

A fin de cuentas, en medio de una crisis, lo último por lo que quieres preocuparte es por el dinero.

Armas de protección financiera que toda Cabrona debe tener

¿Por qué nunca estamos preparadas para enfrentar lo esperadamente inesperado?

Porque nos choca pensar en situaciones sobre las que no tenemos control y porque nos confronta con nuestros miedos e inseguridades. El miedo a enfermar o a sufrir un accidente, la angustia de perder el empleo o el control de nuestra vida. La inseguridad en la vejez y el estremecimiento que nos causa la muerte.

Usamos la lógica (errónea) de que si no pensamos en estos eventos evitaremos que pasen. "No pienses en lo malo, te vas a salar, te vas a echar encima el mal de ojo", dicen las abuelas. Absolutamente falso y muy, pero muy, peligroso.

No pensar en estas cosas aumenta el desbarajuste que pueden causar en tu vida. No, no es cuestión de imaginarte con lujo de detalle todas las desgracias que pueden ocurrir, sino simplemente de tener la conciencia de que son eventos que pasan y que la mejor manera de enfrentarlos es estando preparada.

Estas armas de protección financiera son el equivalente real del verdadero beso de amor (y quizá mejores porque, sinceramente, los "besos de amor" generalmente ocasionan muchos más problemas de los que solucionan). Son las que te pueden ayudar a salir adelante de cualquier accidente, embrujo o batalla.

Arma 1: Ahorros para tu retiro

Concursante del juego de la vida, como premio final tienes que elegir entre dos opciones...

Detrás de la cortina 1: Vivir en la placidez y la calma de nunca pensar en la vejez (y nunca prepararte para ella)... y pasar tus años dorados tan arrugada por la angustia financiera que a los sesenta parezcas una pasita.

Detrás de la cortina 2: Asumir que eventualmente vas a envejecer (en años, no en actitud) y que no hay vuelta de hoja: tienes que ahorrar para ello... Vivir tus años dorados despreocupada, tranquila y con el dinero suficiente para hacer todo lo necesario y a los setenta años parecer de cuarenta.

¿Cuál de estas opciones vas a elegir? Elige con cuidado porque no hay cambios ni arrepentimientos… Opción uno u opción dos…

Una de las maravillas de la vida moderna (además de la depilación con laser y el Viagra) es que cada vez vivimos más años y cada vez queremos vivir mejor esos años. Una mujer que deja de trabajar a los sesenta años puede, fácilmente, vivir 30 años retirada. Y atrás quedó la imagen de la cabecita blanca tejiendo en su mecedora y tomando el té. Las mujeres de más de sesenta quieren pasar esos años dedicándose a viajar, a tomar clases para las que nunca tuvieron el tiempo, a volar en parapente, a disfrutar a la familia o a encontrar el amor con su pareja… o con una nueva pareja.

La realidad es que para poder hacer todas estas cosas y vivir un retiro tranquilo, sin preocuparse por los detalles o depender de otros, se necesita dinero… Más dinero del que estamos ahorrando.

Las mujeres tendemos a llegar muy mal preparadas a nuestros "años dorados" (con muchos planes pero con poco dinero para llevarlos a cabo). Y lo más irónico de todo es que el retiro ni siquiera cae dentro de la categoría de "eventos inesperados". Todas sabemos que tarde o temprano va a llegar el día en que, nosotras o nuestras parejas, dejemos de trabajar, los cheques de sueldo acaben y tengamos que empezar a vivir de nuestros ahorros.

¿Cuánto necesito ahorrar? Hay dos noticias, una mala y una buena. ¿Cuál quieres primero?

La mala: para tu retiro necesitas tener ahorrado mucho dinero, pues con él vas a vivir por 20 años o más e idealmente quieres mantener el mismo nivel de vida que has llevado hasta ahora o mejor. Incluso si tienes planeado nunca retirarte (porque vives apasionada de lo que haces), también necesitas tener dinero ahorrado porque una nunca sabe qué va a pasar en unos años (quizá quieras mandar todo a la goma y dedicarte a explorar los Himalayas) y, a fin de cuentas, quieres que el trabajo sea por gusto, no por necesidad.

La buena noticia es que el tiempo es mágico y mientras más pronto empieces a pensar en tu retiro menor será la cantidad que tengas que ahorrar cada mes para conseguir lo que necesitas.

La siguiente tabla te da un estimado de lo que tendrías que haber ahorrado al momento de retirarte por cada $10 000 que gastas al mes (si gastas $5 000 al mes, divide el total entre dos; si gastas el doble, multiplícalo por dos).

Esta tabla parte del supuesto de que durante tu retiro no tendrás ningún ingreso adicional (un negocio que te siga dando rendimientos, hijos que te apoyen, una herencia). Si tuvieras una fuente alterna de ingreso, el total que necesitas tener ahorrado será menor.

Ojo, puede ser que las cantidades de la segunda columna te provoquen un desmayo. Mejor enfócate en lo que tienes que ahorrar cada mes para conseguirlo, que es una cantidad bastante razonable...

Si hoy tienes...	Necesitas tener ahorrado al momento de retirarte (65 años)...	Cada mes tienes que ahorrar...
25 años	$5 700 000	$1 127
30 años	$4 700 000	$1 400
35 años	$3 800 000	$1 890
40 años	$3 200 000	$2 533
45 años	$2 600 000	$3 525
50 años	$2 100 000	$5 219

Lo más probable es que ya estés ahorrando una cantidad para tu retiro (en la Afore que te ofrece tu empleador, por ejemplo, o algún otro plan de retiro). La cantidad que tienes que ahorrar cada mes (la tercera columna de la tabla) incluye todos tus ahorros para el retiro, por lo que si ya estás ahorrando $2 000 bimestrales en tu Afore (o sea, $1 000 al mes) y tu meta es de $1 400, lo que tienes que hacer es ahorrar $400 adicionales, ya sea como aportación voluntaria o en una cuenta especial.

Arma 2: Seguros

¿Puedes evitar las cosas malas de la vida? No.

¿Puedes evitar que esos eventos te hagan pasar un mal rato? No.

¿Puedes lograr que ese mal rato, además de todo, te cueste dinero? Definitivamente.

Para eso son los seguros, para eliminar o disminuir el golpe a la cartera que los eventos inesperados de la vida te cobran.

La manera en que funcionan es simple: la persona que busca protegerse (o sea, la Cabrona y Millonaria, es decir, tú) paga una cantidad periódica a una compañía aseguradora (una prima mensual o anual) para que en caso de que el evento temido ocurra, pueda recibir una cantidad de dinero que le ayude hacer frente al imprevisto.

¿Quieres proteger tu salud? Pagas una prima a la aseguradora, generalmente anual, y en caso de que enfermes la compañía paga directamente los costos de los médicos y hospitales o te reembolsa el dinero que gastes en ellos.

¿Quieres proteger tu coche? A cambio de una prima, la compañía aseguradora te regresa una cantidad en caso de que te roben el coche o choques, o bien te paga determiado monto para arreglar o reponer el vehículo o cubrir los daños que hayas causado.

Cierto, comprar un seguro no es exactamente barato. Las primas, particularmente contra cierto tipo de eventos y en ciertas circunstancias, pueden ser caras (¡para cuántas cosas más podrías usar ese dinero!), pero son una ganga si las comparas con el enorme precio de un evento inesperado, llámese un accidente de coche, una enfermedad o la muerte del jefe de la familia.

¿Qué seguros necesitas? En el mundo de hoy puedes asegurar prácticamente todo. Dicen que Heidi Klum tiene aseguradas sus piernas por dos millones de dólares (¿en caso de que se las roben?, ¿de qué se lastime con la rasuradora?, ¿de que le salga celulitis?), pero es impráctico e irreal pensar que puedes asegurarte para absolutamente todos los eventos posibles de la vida. Dado que los seguros tienen un costo (las primas), es importante que elijas los seguros que realmente necesitas y que te van a proteger para poder aprovecharlos al máximo sin tener que desembolsar más de lo necesario.

Ésta es la lista, por orden de importancia, de los que debes tener. Es importantísimo que compares entre varias opciones de aseguradoras (todas ellas respetables, nada de elegir una aseguradora patito de la que nadie ha oído sólo porque promociona cosas extraordinarias) antes de tomar una decisión y comprar un seguro:

(Ojo: Los seguros son contratos financieros. Revisa muy bien la regla 7 para saber cómo contratar uno de la manera más asertiva e inteligente posible. Presta especial atención a leer y entender todas y cada una de las partes del contrato para no enfrentarte con sorpresas –"uy es que eso no estaba cubierto"– en un momento de histeria.)

1º *Seguro de gastos médicos.* El mundo médico de hoy no está hecho para la gente que no está asegurada. El costo de los médicos y de los tratamientos ha escalado de tal manera que solventar una enfermedad, particularmente si es larga, puede dejarte en la quiebra. Por eso es fundamental que tú (y *todos* los miembros de tu familia o tus dependientes económicos) cuentes con un seguro médico. En caso de que no te ofrezcan uno en el trabajo (ya sea de seguridad social o de medicina privada), debes contratarlo lo antes posible. Incluso si estás afiliada a una institución de seguridad social, puedes pensar en pagar por tu cuenta un seguro privado adicional para poder cubrir gastos o eventos extraordinarios.

Una buena idea es optar por el deducible más alto que puedas solventar (o sea, la cantidad que vas a tener que desembolsar en caso de un evento que te obligue a hacer uso del seguro) para que puedas tener una prima más baja.

2° Seguro de vida. Si tienes hijos o dependientes económicos a los que mantengas completamente o en parte, es indispensable que tengas un seguro de vida para que en caso de que tú llegaras a faltar sus necesidades económicas queden cubiertas. Cierto, no hay ninguna cantidad de dinero que compense la pérdida de un ser querido, pero es más cierto que las penas con pan son menos... Morir y dejar a tus hijos es una tragedia, dejarlos además en la ruina económica es doblemente trágico.

Es muy, pero muy, importante que si tu marido o tu pareja te mantiene (totalmente o aporta una parte importante del gasto de la casa), él también tenga un seguro de vida del que seas la beneficiaria para que, en caso de una tragedia, puedas salir a flote más rápidamente.

¿Qué tan grande debe ser este seguro? Idealmente, debes tener un seguro de vida que pague cinco veces tu salario anual, o sea que si ganas $10 000 al mes ($120 000 al año), debes tener una póliza que pague por lo menos $600 000.

Muchos seguros de vida ofrecen además protección por invalidez, para que en caso de que la persona asegurada (tú o tu pareja, según sea el seguro) pierda la capacidad de trabajar por alguna enfermedad o accidente, pueda recibir una cantidad de dinero que le permita seguir viviendo y manteniendo a la familia.

3° *Seguros para tus bienes.* Podemos decir que los bienes materiales son secundarios, que realmente no nos importan, que no nos importaría prescindir de ellos... pero en el momento en que uno de ellos se pierde o se rompe o lo tenemos que reponer por alguna razón, ¡ay!, cómo nos duele la cabeza y la cartera.

Por eso es importante asegurar tus bienes. Esto podrá parecer misión imposible considerando la cantidad de cosas, tiliches y chacharas que almacenamos a lo largo de la vida: lo que compramos, lo que nos regalan y lo que, por alguna razón, aparece dentro de nuestras pertenencias.

¿Cómo definir cuáles son las cosas que tenemos que asegurar? (No puedes asegurar todos, sería ridículo e incosteable). Los bienes que necesitas tener cubiertos son los que cumplen con dos requisitos: el primero es que estén expuestos a que algo malo les pase (los pierdas, se averíen, te los roben...); y el segundo es que, en caso de un incidente, el costo de reponerlos o repararlos sea alto, altísimo o altérrimo (o la suma de los tres).

Dentro de este grupo están, sobre todo, los automóviles, que para muchas personas son prácticamente indispensables en la vida moderna. Éstos son los bienes que *debes* tener asegurados. En caso de un robo o un choque, reparar o reponer un vehículo es extremadamente caro (¡el costo de una pequeña hojalateada es mayor que el de hacerte una cirugía plástica completa!).

Hay muchísimos tipos de cobertura en los seguros para proteger tu automóvil. Lo primero que debes procurar es tener un seguro que avale tu responsabilidad civil, o sea los daños que puedas causar a terceros o a sus bienes con tu automóvil, y después buscar protección en contra de accidentes y de robo.

Nuevamente, en este tipo de seguros opta por tener el deducible más alto que puedas solventar (o sea, lo que tienes que pagar de tu bolsillo en caso de tener que usar el seguro) para que la prima (la cantidad mensual que pagas cada mes) sea la menor posible.

Arma 3: Testamento

Siempre que empiezo a hablar de testamentos, la gente se bloquea, voltea la hoja, cambia el tema o sufre un ataque de risa nerviosa… "Para qué pensar en la muerte si todavía me falta mucho por vivir".

Espérate. No le des vuelta a la página, lee un poco más. Es por tabúes y temores que la mayor parte de nosotras omitimos hacer un testamento. No importa cuán modernas nos sintamos, seguimos pensando que planear para la muerte es poco sexy, innecesario, una manera de salarse el futuro (ni siquiera Blanca Nieves, que sabía que la Reina la estaba buscando para matarla, tuvo la consideración de hacer un testamento para no causar conflictos entre sus siete herederos enanos).

Pero la consigna es simple: si realmente quieres ser Cabrona y Millonaria en vida, por fuerza tienes que preocuparte por lo que va a pasar con tus bienes cuando estés en el cielo (o en el infierno, según qué tanto vuelo le hayas dado a la hilacha en el mundo terrenal).

Morir intestada lo único que hace es heredar problemas y conflictos a la gente que quieres (y no vas a estar ahí para ver cómo se desgañitan unos contra otros, ¡qué lástima!), darle a ganar un dineral a los abogados y hacer que lo mucho o poco que juntaste en vida pierda valor.

¡No hay pero que valga!

No importa si no tienes (todavía, porque estás en camino para conseguirlo) "mucho dinero", o si piensas que eres muy joven (que siempre lo vas a ser... o por lo menos a parecer), o si crees tener a alguien de tu confianza que se encargará de darle buen uso a tus bienes en caso de que algo te llegara a pasar.

Necesitas tener un testamento porque tienes que asegurar que tus bienes pasen a manos de quien tú quieres que pasen, y porque en caso de que tengas hijos, tienes que asegurar su cuidado y bienestar.

Un testamento es un trámite sencillo, fácil de hacer ante un notario (que en mi experiencia son particularmente guapos y tienen una seriedad bastante atractiva) y que puedes cambiar y ajustar tantas veces como quieras.

No hay pretexto, hazlo hoy.

Vive como Cabrona pero procura que, cuando tú ya no estés, se acuerden de ti como Millonaria y precavida.

9º El amor es el amor y el dinero es el dinero

Otro mito mágico del que todavía no logramos desprendernos es la idea romántica (y potencialmente peligrosa) de que el amor lo conquista todo. Este mito generalmente viene acompañado de música de fondo de violines y frases como "Cuando escojas a tu pareja, lo más importante es el amor. Todo lo demás, sobre todo el dinero, es un tema secundario. Es más, es impropio y poco romántico hablar de asuntos financieros con el amor de tu vida. Si realmente se aman, todos los problemas financieros se resuelven automáticamente".

Este mito es tan erróneo que como música de fondo sería más adecuado usar el *soundtrack* de una película de terror, porque las historias en las que el dinero acaba con el amor o el amor acaba con el dinero son realmente espantosas.

Omitir la importancia que tiene el dinero en la vida de pareja –no importa de qué tipo, si son novios, si están casados, si viven juntos o si tienen una unión alternativa– es la principal causa de que los finales felices acaben en la oficina de un abogado.

Basta vivir más de tres meses de relación con un hombre (o sea, que acabe el periodo de "todo es fantástico, eres perfecto") para darse cuenta de que en las relaciones de pareja el dinero desempeña un papel tan importante como el amor.

Y éste es justamente el talón de Aquiles de las Cabronas Millonarias. Podremos ser asertivas al tratar con el banco, consumidoras astutas, inversionistas expertas, pero en el momento en que nuestra pareja nos pide dinero prestado, nos presiona para realizar una inversión riesgosa o usa el látigo del dinero para controlarnos, nos convertimos en gelatina, tiramos el sentido común por la ventana y nos engañamos pensando que vamos a conquistar a nuestra pareja o a fortalecer nuestra relación olvidando las bases del manejo inteligente de dinero.

Justificamos nuestra ceguera sobre el dinero en el amor utilizando varias frases (elige la respuesta que más hayas utilizado):

a) "Lo amo y todo lo que él me pida hacer con mi dinero lo voy a hacer; porque eso es el amor, confiar ciegamente en una persona".

b) "Él me ama y cuida mi bienestar por sobre todas las cosas, por lo que en cuestiones monetarias hago todo lo que me sugiere".

c) "El dinero es sólo dinero. No voy a provocar ningún conflicto con mi pareja por pesos y centavos, no vale la pena. Lo que pase con el amor es más importante que lo que pase con el dinero".

Falso, falso, falsísimo.
Vamos una por una:

a) Nunca tienes que confiar ciegamente en una persona (no importa cuán maravillosa y perdurable sea la relación). Lo que es más, una persona que realmente te ama nunca va a pedirte que confíes ciegamente en él. Te puede sugerir, te puede recomendar, pueden dialogar sobre lo que debes hacer con tu dinero, pero jamás te puede pedir sumisión en tus decisiones.

b) La única persona que puede tener en mente tu bienestar individual por sobre todas las cosas eres tú misma. Ceder a otra persona este papel es una enorme carga de la que fácilmente puedes arrepentirte. De tu vida financiera tú eres, a fin de cuentas, la primera y única responsable.

c) En las relaciones de pareja, el amor y el dinero están tan ligados que es difícil diferenciar dónde empieza uno y acaba el otro. El respeto y el diálogo (o por el contario, los problemas) que se dan entre la pareja en temas de dinero afectan directamente todos los aspectos de la relación, desde la cocina hasta la cama. Lo que pasa en temas de dinero repercute en el amor y lo que pasa en temas de amor repercute en tu vida financiera. Una relación en la que existen problemas financieros, abiertos o escondidos, es una relación destinada a fracasar.

No saber cómo manejar el dinero dentro de tu relación de pareja no sólo pone en riesgo la relación, también es un grave peligro para tu patrimonio y tu seguridad financiera.

Que quede claro: los buenos pasos y decisiones que estás tomando para volverte Millonaria no deben olvidarse o desplazarse a favor de nadie. Punto. Por eso es fundamental aprender a manejar el dinero dentro de una relación de pareja.

Cabrona, Millonaria… y enamorada

Podría escribirse un libro, o más bien dicho una enciclopedia completa, analizando la relación que existe entre el amor y el dinero (las causas, las razones históricas, la perspectiva machista y feminista, la opinión de expertos…). Pero como no queremos perder el tiempo (salvo que quieras hacer una tesis doctoral al respecto), la pregunta no es *por qué* sino *cómo*: ¿Cómo debo manejar la relación de dinero que tengo con mi pareja para que mi riqueza crezca al máximo y la relación también?

No importa cuál sea el estilo de tu amor, si es la de primera o la tercera vuelta, si tienen hijos o no, si son recién casados, cumplieron bodas de oro o sólo viven juntos, si eres ama de casa o participas económicamente en los gastos, éstas son las pautas que debes seguir para que puedas combinar el amor con la riqueza.

Si crees que hablar de dinero es un mata pasiones, piensa cuán pasional será que cometas un grave error financiero (como caer en una deuda terrible o perder una gran cantidad de efectivo) en nombre del amor.

Estos consejos no son porque dudes de su amor o porque no lo ames lo suficiente. Precisamente porque este amor vale la pena (y más aun si no), es importante seguirlos:

1º *Relación S.A. de C.V.* Tu relación es como una empresa en la que tú y tu pareja son socios (no importa si uno es el socio capitalista, que aporta el dinero, y el otro el que cuida de las instalaciones). Ninguna empresa del mundo funciona si no hay comunicación financiera entre los socios. Es más, la secrecía monetaria es la principal causa de quiebra de las empresas ¿y por qué en la pareja debiera ser diferente? Si no hablan de sus conflictos, deseos, necesidades y problemas de dinero de manera real, están condenados a multiplicar sus conflictos. Esto no implica perder la prudencia y enseñar tus cuentas bancarias a cualquier hombre que pase por tu cama (¡Para nada!), sino simplemente hacer de los temas financieros un tema abierto.

2º *A los hombres ni todo el amor ni todo el dinero.* Por más que lo ames, siempre debes preservar una intimidad financiera; tienes que mantener en privado una parte del manejo que haces con tu dinero. Ojo, esto no significa mentir ni esconder problemas ("Voy a esconder la cuenta de la tarjeta de crédito para que no sepa cuánto gasto"), sino que, aun cuando el amor te invada por completo, seas discreta en los detalles de tu vida financiera y los compartas poco a poco y cuando sea tu decisión hacerlo, no por presión ni como medio de conquista, ni para demostrarle nada a nadie.

3º *Piensa en ti primero.* No tomes ninguna decisión monetaria que vaya en contra de lo que quieres lograr con tu dinero o de lo que consideres correcto. Toda decisión que tomes en torno al manejo de tu dinero tiene que estar pensada, antes que nada, con base en tus deseos y tus necesidades, no en los de otra persona. Esto no es egoísmo, es mero instinto de supervivencia. Además, tomar una decisión errónea por seguir los deseos de tu pareja es la mejor manera de entrar en un círculo interminable de recriminaciones.

4º *Papelito habla.* El amor no justifica la informalidad o la confianza ciega. Todo acuerdo de dinero que exista entre ustedes debe estar hecho por escrito, a detalle y firmado, desde acuerdos pre y postnupciales o préstamos de dinero entre ambos, hasta las responsabilidades financieras que cada uno va a asumir dentro de la relación. Puede ser que algunos de estos contratos no sean propiamente válidos en una corte, pero establecen un compromiso moral y ponen a los dos en la misma línea de pensamiento. Nada queda en entredicho... lo que te ahorrará cientos de horas de discusiones por el "yo te dije / yo pensé".

5° *No firmes sin leer.* No importa que sea el hombre de tu vida, si vas a firmar cualquier papel lo tienes que leer e, idealmente, pedir una opinión objetiva a otra persona (sea un abogado o alguien versado en el tema). Procura no firmar nada que ponga en riesgo tus sueños y tu seguridad financiera. Como bien dice el dicho, un aval es un pendejo con una pluma. Firmar como aval de tu pareja te pone a ti y a tu patrimonio en una situación muy riesgosa.

6° *Cada pareja es un mundo.* No hay reglas universales que dicten cómo debe manejarse el dinero dentro de todas las parejas (Tú me mantienes/ambos contribuimos... Tú pagas esto/yo pago lo otro), pero sí existen tres reglas que deben seguirse en todos los casos. Primero, toda decisión debe ser de común acuerdo (y por común me refiero a no ceder por "quedar bien" o porque "es como deben ser las cosas"); segundo, todo plan debe estar hecho por escrito (ve la regla 4); y tercero, todo arreglo debe evolucionar conforme pase el tiempo y las circunstancias y deseos de ambos cambien.

7° *Mío, tuyo, nuestro.* El amor, sobre todo en sus inicios, es comunista: empezamos pensando que todo es de todos (salvo el cepillo de dientes), pero como bien demostraron la URSS y la historia, lo que funciona es la propiedad privada. Propiedad clara, amores duraderos. Nuevamente, no hay una manera correcta de decidir quién es el dueño de los bienes, pero la propiedad de todo lo que se acumula en la relación debe estar perfectamente definida y a satisfacción de ambos. Definan qué es de quién: ¿A nombre de quien está el coche que me compraste? ¿A nombre de quién escrituramos la casa por la que voy a pedir una hipoteca? ¿Quién es el titular de las cuentas de ahorro en las que ambos contribuimos? ¿Por qué los créditos que ambos usamos sólo están a mi nombre?

8° *Se llama "pareja" porque ambos deben ser parejos.* Si son una pareja que quiere sobrevivir en el largo plazo, las decisiones financieras que corresponden y afectan a los dos deben tomarse en conjunto: desde hacer un presupuesto para decidir cómo se va a repartir el gasto de la casa hasta decidir qué seguros de gastos médicos tomar o qué van a hacer con sus inversiones. La ignorancia no es felicidad, el no saber cómo se está manejando el dinero dentro de la casa te hace interpretar un papel secundario en la relación y limita tu control. Además, como a estas alturas ya eres un as lidiando con los bancos, sería una lástima que no pongas tu astucia en buen uso.

9° *Una curita para una hemorragia.* Ceder en tus decisiones o deseos de dinero en pos de mantener la paz de la relación es doblemente peligroso. Hacer por presión algo de lo que no estás convencida (aun cuando a cambio obtengas flores y palabras de amor) o para "no causar un pleito" es perjudicial para tu situación y buen nombre financiero y no mejora para nada la relación de largo plazo. Hacerle un préstamo a tu pareja, firmar un documento que no entiendes, pedir un crédito a su nombre, prestarle dinero a uno de sus familiares o realizar cualquier movimiento financiero con el que no estés de acuerdo puede hacerte perder hasta la camisa y seguirte afectando aun después de acabada la relación, si no es que resulta la causa del acabose. Si quieres compartir algo de tu dinero o tu crédito con tu pareja, perfecto, adelante; pero piénsalo muy bien y hazlo por convicción, nunca por presión.

10° *Lo cortés no quita lo valiente.* Si vas a tomar una decisión financiera que sabes no es la que tu pareja "prefiere" (él quiere que saques un crédito para que él utilice el dinero y tú no lo quieres hacer, por ejemplo), transmítele tu respuesta de manera seria y frontal. Nada de esconderte ni justificarte ni darle largas. Preséntale tus razones de manera clara y no des pie a la negociación. Es tu decisión y punto. Si en verdad te quiere, la tiene que respetar.

11° *Bienes comunes, deudas tuyas.* Evita sacar un crédito a tu nombre (o de firmar con tu tarjeta) por un bien que sea para los dos. Si la hipoteca, el crédito de auto o el préstamo bancario están a tu nombre y la relación termina, la responsable de acabar de pagar los créditos serás tú aunque los bienes se los quede él. Es una situación más común de lo que te puedes imaginar.

12° *Pelea limpio.* Los pleitos de dinero, aun por los detalles más ridículos, pueden escalar a proporciones de guerra nuclear y trascender más allá de la lógica. Ser Cabrona no implica ser cruel ni ofensiva. Cualquier problema o discusión de dinero se resuelve mejor si mantienes la calma y la cordura.

13° *El silencio lleva a la quiebra.* Ser codependiente de los problemas económicos de tu pareja (perdonarle o hacerte de la vista gorda en temas de violencia económica, demasiadas deudas, adicción al juego) no te hace una buena mujer o una esposa admirable. Por el contrario, te convierte en un cómplice que, además de todo, literalmente tendrá que pagar los platos rotos (imagínate tener que pagar las deudas de juego de tu pareja con el dinero que llevas años ahorrando o cediendo la casa en la que vives). Si sabes o intuyes que tu pareja tiene un problema que puede afectar la situación financiera de ambos, trátalo inmediatamente de la manera adecuada antes de que acabe con tu relación y con tu patrimonio. Evita solucionar la situación en el radio-pasillo familiar contándole a personas que quieres pero que no pueden darte una opinión ni objetiva ni profesional. Acércate a un terapista, psicólogo, asesor financiero o contador que pueda darte una opinión neutral de la situación y que te ayude a encontrar caminos expertos para resolverla. No es vergüenza aceptar que hay un problema. Es una muestra de verdadero amor, a él y a la pareja, buscar ayudar.

Divorcio al estilo de una Cabrona y Millonaria

Cuando el amor acaba, los problemas de dinero se multiplican, sobre todo si hay abogados involucrados. Si estás en proceso de divorcio es muy fácil emprender una batalla encarnizada con la bandera de que estás "luchando por lo que es justo". Esto no siempre es lo más recomendable en el aspecto emocional (el desgaste es enorme) ni lo más sabio en cuestión financiera.

Tomar decisiones monetarias prudentes no implica que estés cediendo o perdiendo, sino que tienes una visión de largo plazo y quieres cuidar tu riqueza futura (con lo que vas a estar más bella y podrás restregárselo a tu ex en la cara). Para ser verdaderamente Cabrona en estos momentos, debes ser también muy inteligente.

Ojo con lo siguiente:

A río revuelto, ganancia de abogados. No te pierdas en un pleito de años del que sólo van a salir ganando los abogados. Evalúa fríamente (aunque para esto necesites un Valium o el consejo de una amiga que pueda darte una opinión objetiva) qué es lo que quieres obtener y qué es lo que la realidad marca como factible que obtengas. No te desgañites por conseguir cosas irreales en un pleito que sólo va a beneficiar los honorarios de los abogados.

No luches por elefantes blancos. Es "justo" quedarte con la casa matrimonial, pero ¿realmente vas a poder mantenerla tras el divorcio? ¿No sería más sano vender la casa y comprarte un departamento más fácil de cuidar y mantener? Evita encapricharte por cosas que en el futuro pueden traerte más problemas que satisfacciones.

No confíes en las palabras. Por más maravillosa que suene una propuesta que tu ex pareja te jura y perjura, nada es válido hasta que no esté legalmente por escrito. En cualquier acuerdo monetario, pon énfrasis en que haya cláusulas para ajustar las cantidades al paso del tiempo, inflación, tipo de cambio y cambios en las necesidades de tus hijos (no es lo mismo pagar el kínder que la universidad). Si crees que el tema de la pensión puede ser problemático, considera comprar una fianza que asegure su cumplimiento.

¡Contrólate! Por más tentador que sea usar la tarjeta de crédito para comprar, comprar y comprar y así amainar la rabia o el dolor, piénsalo dos veces antes de firmar. Las compras compulsivas son un paliativo a corto plazo que pueden arruinar tus finanzas por años (mejor invierte en un psicoanalista, una botella de tequila o un amorío con un hombre 10 años más joven que tú).

Ya acabaste de leer todas las reglas que van a poner a trabajar tu metabolismo financiero al máximo...

¿Crees poder olvidarlas?

¿Mañana o pasado mañana te estarás rascando la cabeza preguntándote qué había que hacer con las compras de impulso... o cómo manejar las tarjetas de crédito?

Es fundamental que tengas las reglas claras y presentes para poder aplicarlas en cualquier momento o situación. Sólo así lograrás que tu metabolismo transforme cada vez más el dinero que recibes en riqueza.

Tatúate en la cadera (muy a la Angelina Jolie) o, si prefieres, fotocopia este pequeño resumen y guárdalo en un lugar donde puedas consultarlo fácil y frecuentemente.

Para que las reglas se te graben en la mente y las tengas a la mano en momentos de flaqueza o de debilidad...

Las nueve reglas para multiplicar tu dinero y algunos comentarios

1º *Ama a tu dinero como a ti misma.* Respeta a tu dinero y dale a tu vida financiera la importancia que merece. No olvides los detalles, son los que hacen la diferencia.

2º *No es* NO *(o cuál de estas dos letras no entendiste).* Deja a un lado la pena o los convencionalismos y la "buena educación". Siempre que vayas a tomar una decisión de dinero, pon tu bienestar en primer lugar... Y que no te dé pena demostrarlo.

3º *Piensa, luego compra.* Conviértete en una consumidora inteligente, crítica y que preste atención a los centavos. No seas una del montón. Antes de comprar, pregúntate si es algo que realmente necesitas o si estás comprando por adecuarte a los deseos de alguien más.

4º *Una palabra: Ahorro.* No hay de otra. El primer paso para volverte Millonaria es cuidar los pesos y los centavos. Pequeñas cantidades diarias hacen grandes diferencias con el paso del tiempo.

5º *Controla tus deudas (y no al revés).* Deber es maravilloso, el problema es cuando tienes que empezar a pagar. En vez de hacer rico al banco con los intereses que le pagas por el crédito, ahorra y planea para comprar lo mismo sin tener que endeudarte.

6º *Nadie maneja el dinero mejor que tú (aunque no lo creas).* Invertir y aprender sobre inversiones es la mejor manera de que tu dinero crezca y crezca y crezca. A la hora de invertir, sé astuta y conservadora.

7º *Que no te vean la cara de p_ _ _ _ _ _ .* Si tú no proteges tus intereses financieros, nadie lo va a hacer por ti. Conviértete en un cliente de las instituciones financieras que conoce sus derechos y responsabilidades. Que no te dé miedo alzar la voz y exigir un buen servicio.

8º *Cabrona preparada vale por dos.* La vida nos da sorpresas, sorpresas nos da la vida... Mientras más pueda respaldarte tu dinero en los momentos de crisis, más Cabrona y Millonaria vas a ser. Seguros, testamento y planes para el retiro, indispensables.

9° *El amor es el amor y el dinero es el dinero.* ¿Quieres una relación que realmente funcione? ¿En la que la pareja sea PAREJA?... Entonces es momento de traer el tema del dinero a la mesa y resolver los conflictos antes de que los separen o te lleven a la quiebra.

> *Lo más difícil,*
> *dejar a un lado el deseo de perfección*
> *y empezar a ser tú misma.*
>
> ANNA QUINDLEN

◆ *Capítulo cinco*

No hay metabolismos perfectos

*W*inston Churchill (uno de los hombres más Cabrones y admirables de la historia) solía decir: "La perfección implica parálisis".

Nadie pudo haberlo dicho mejor. Pretender hacer todo a la perfección es la razón principal por la que nunca conseguimos nada.

"O hago todo perfecto –te dices–, o mejor no lo hago"... Paso seguido, ante el primer revés o diferencia que no corresponda a mi definición de perfección, me rindo y dejo las cosas por la paz.

Si no puedo ahorrar 15% de lo que gano todos los meses, entonces mejor no ahorro nada.

Si no puedo acabar con las deudas de mis tarjetas de crédito en dos meses, entonces mejor ni trato. Si no puedo hacer mi testamento esta semana, mejor lo dejo para nunca.

Si no puedo ser la mejor inversionista del mundo, entonces mejor guardo del dinero dentro del cajón.

O todo o nada. Eventualmente gana el nada.

Ningún metabolismo financiero es perfecto todo el tiempo. Hay momentos de altas y bajas, periodos en que funciona mejor y otros en que funciona "menos mejor". La perfección no existe porque el mundo es imperfecto y nosotras también. No hay mujeres que ahorren todos los meses lo que se proponen, ni inversionistas que siempre hayan ganado más intereses que los demás, ni nadie que, por más cauta y disciplinada que sea, nunca haya hecho una compra innecesaria o siempre encuentre los precios más bajos.

A veces son las circunstancias de la vida las que nos llevan a cometer errores (un mes en el que tienes demasiados percances es, obviamente, un mes en el que no vas a poder ahorrar), y a veces erramos porque somos mujeres y pecadoras (¡Esos zapatos, mmmmm, mmmmm, mmmmm!).

No estás sola. Todas cometemos errores que alentan nuestro metabolismo financiero. Y a lo largo de la vida no cometemos ni uno ni dos, ni tres... nos equivocamos seguido y con ganas (nada de errores mediocres, muchas veces metemos la pata de manera monumental).

El que cometas errores no quiere decir que no vas a conseguir ser una Cabrona y Millonaria. Lo único que demuestra es que eres humana y que tienes que ajustar y hacer pequeños cambios a la manera en que manejas el dinero.

La única manera en que tu metabolismo financiero se detenga por completo es si ante la imperfección te rindes y olvidas tu deseo de convertirte en Millonaria.

Ojo, no ser perfecta no implica ser mediocre, conformarte con resultados a medias ni hacer las cosas al "ahí se va". Hay que saber resolver la situación cuando las cosas no marchan como esperas y tener el empuje y la creatividad para encontrar un camino diferente que te lleve a tus mismos objetivos. Si no puedo ahorrar recortando mis gastos, a lo mejor lo que debo hacer es cancelar mis tarjetas de crédito. Si no puedo invertir yo sola y conseguir los resultados que quiero, a lo mejor es tiempo de buscar a un asesor financiero que me oriente.

Cambia tu definición de Perfecta (la que hace todo bien) a Perfeccionadora (la que hace mejor las cosas cada día).

La diferencia entre ser una Perfecta (Idiota) y una Cabrona y Millonaria

Ésta es la manera como dos mujeres diferentes enfrentan los retos financieros que tienen enfrente. ¿A ti como quien te gustaría ser?

Mujer 1: Miss Perfecta

pega aquí
la foto
de tu peor
enemiga

Mujer a la que todo le sale bien… o por lo menos siempre es mejor que las demás. Es la que tuvo más novios, la que se casó con el más rico, la que subió menos de peso en el embarazo, la que tiene el mejor trabajo, la que más sabe de dinero y la que siempre consigue lo que quiere. Parte del problema es que su perfección es sólo en apariencia, muy probablemente es obsesiva, mentirosa o adicta a los antidepresivos (o las tres) y sus logros son realmente mediocres. Más que Perfecta, es una Perfecta Idiota.

Modus operandi (o sea, cómo actúa ante los reveses):

INICIO

HACE PLANES AMBICIOSOS
"Voy a ser la mejor
inversionsita del mundo".

APARIENCIA
Ante lo demás: "Yo podría
ser la mejor inversionista,
pero es algo pasado de moda
y no me interesa".

MANOS A LA OBRA
Empieza a invertir su dinero
en diferentes instrumentos.

RENUNCIA
"¿Para qué sigo? Mejor me
enfoco en mis clases
de macramé para lo que soy
muuuy buena".

MIDE LA REALIDAD
VS. TUS ESPECTATIVAS
Los rendimientos de sus
inversiones son regulares o
menores a lo esperado

TRISTEZA Y JUSTIFICACIONES
"¿Cómo puede ser que no lo
haga bien?... No sirvo para
esto. Es culpa de este tonto
libro sobre inversiones".

Mujer 2: *Cabrona y Millonaria*

pega aquí tu foto

Mujer que, además de todos los atributos de una Cabrona, no cree en la perfección. Es más, la perfección le da una enorme flojera, prefiere aceptar sus errores y trabajar con ellos. No le importa guardar apariencias de éxito sino conseguir los frutos de su trabajo.

Modus operandi:

INICIO

HACE PLANES AMBICIOSOS
"voy a ser la mejor inversionista del mundo".

MANOS A LA OBRA
Empiezas a invertir tu dinero en diferentes instrumentos

HACE CAMBIOS NECESARIOS
"Necesito diversificar más... involucrarme en inversiones".

TRISTEZA
Sí se vale el coraje y las lágrimas cuando algo no te sale como lo habías planeado.

EVALÚA SUS ERRORES
"¿Qué estoy haciendo mal?, ¿en qué me equivoco?, ¿qué cambios tengo que hacer para llegar a mi meta?

MIDE LA REALIDAD *VS.* SUS EXPECTATIVAS
Los rendimientos de tus inversiones son menores a los que esperabas.

Para ser Millonaria no necesitas ser perfecta

Algunos consejos para ser Millonaria sin importar cuántas veces te equivoques:

◆ *Más vale paso que dure y no trote que canse.* ¿Quieres hacer un presupuesto, empezar a invertir, hacer tu testamento, organizar tus tarjetas de crédito y contratar un seguro de vida todo en la misma semana (y además tener tiempo para ir al gimnasio todos los días y entregar una presentación que le urge a tu jefe)? Vas a acabar vuelta loca y sin conseguir nada. En vez de querer hacer todo al mismo tiempo, busca hacer las cosas poco a poco y siguiendo un orden. Siéntate cinco minutos una vez al mes y escribe en tu calendario tus objetivos financieros para cada semana (*Semana 1: Hacer mi presupuesto. Semana 2: Cita con el notario. Semana 3: organizar mis deudas. Semana 4: Cita con el agente de seguros y hablar con mi pareja sobre la situación financiera de la casa*). Si una semana tienes más tiempo disponible, agenda más objetivos. El chiste es que no dejes ni una semana sin hacer un cambio, por más mínimo que sea (hacer las cuentas de la chequera, revisar el estado de cuenta de la tarjeta de crédito…).

◆ *Las 2 c's.* En vez de la P de Perfecta, busca la Constancia y la Consistencia. Pasos chiquitos pero constantes que no te avasallen ni se vuelvan una carga en tu vida. Sí, es un hecho que vas a sentir los cambios que te llevan a ser Millonaria, pero no se trata de sufrirlos. Ahorrar un poco cada mes (aunque no sea la cantidad que idealmente quieres guardar) y crear poco a poco un hábito es mucho mejor que ahorrar al máximo un mes, sentirte ahogada por las restricciones y olvidarte del ahorro por el resto del año. Consulta en Anexo B al final de este libro, en donde encontrarás actividades que puedes hacer para realmente mejorar tu vida financiera en menos de 30 minutos a la semana.

◆ *Más vale malo por conocido... Jamás.* Seguir manejando tu dinero como lo habías hecho hasta hoy puede ser cómodo y seguro ("Nunca me he equivocado mucho, mejor sigo así"), pero no te va a llevar a ninguna parte. Para ser Millonaria debes estar dispuesta a hacer cosas que nunca te hubieras imaginado ("¿Aprender a invertir? ¡Ni en sueños!") y que puedes considerar diferentes o, incluso, arriesgadas. No se trata de jugar a la ruleta y apostar todo tu dinero al número 19, sino de tomar riesgos calculados. Cuando tengas que hacer algo que nunca has hecho (desde invertir en un fondo

de inversión o hablar con un notario hasta re-
negociar tus deudas), infórmate de lo que vas
a hacer, evalúa los pros y los contras y decide
con base en eso. Si la decisión implica desembolsar dinero (invertir en acciones, por ejemplo), quizá te sientas más cómoda empezando con una pequeña cantidad y viendo poco a
poco cómo funcionan las cosas.

- *Aprende de tus errores*. Metiste la pata terriblemente. Ni modo. Sacúdete el polvo, asume
las pérdidas y analiza la situación. ¿Qué fue
lo que hiciste mal? ¿Fue error tuyo o culpa de
alguna circunstancia externa? ¿Qué puedes
cambiar para la próxima vez? No se trata de
recriminarte (el *hubiera* no existe en los dic-
cionarios financieros), sino de señalar lo que
no está funcionando. Querías meter en cintura tus deudas en tarjeta de crédito, pero cuando llega el estado de cuenta el total no sólo
no bajó sino que está para arriba. ¿Qué hiciste
mal? *En vez de dejar guardada la tarjeta de
crédito el fin de semana, me la llevé "a pasear"
al centro comercial.* ¿Fue error tuyo? *Definitivamente* ¿Qué puedes cambiar? *Cada viernes
voy a guardar la tarjeta en mi caja fuerte de la
oficina para no verla hasta el lunes* (¡ojo con
que sea un lugar seguro!).

- *Oye (es más, busca) consejos*. Ni la mujer más
Millonaria es todo-conocedora. Siempre nece-

sitamos la retroalimentación de otras personas para mejorar el manejo que hacemos de
nuestro dinero. Cuando sientas que algo no
te está saliendo bien, acércate a tus amigos o
a expertos financieros para que puedan darte
una opinión más objetiva o informada de lo
que estás haciendo mal. Reitérales que no estás buscando una opinión reconfortante, sino
una clara y dura. De nada te sirve que te digan "No importa que estés endeudada hasta
el tope", es mucho más crudo pero mejor oír
"Lo que pasa es que te la pasas pidiendo dinero prestado a toda la gente que te rodea".

- ◆ *Si tropiezas dos veces, busca la causa escondida.* Muchas veces, sobre todo cuando cometes errores reincidentes, el mal manejo del
dinero no se debe a razones financieras, sino
a que estás tratando de solucionar o solventar algo más. El dinero, después de todo, es
un estupendo paliativo. ¿No puedes controlar lo que gastas? Quizá la causa no es que
tu presupuesto esté mal hecho, sino que tienes
algún problemita emocional que estés tratando de resolver comprando compulsivamente.
Si crees que hay algo encerrado, busca ayuda
para resolverlo.

Cambia tu vocabulario

La diferencia entre ser una Perfecta Idiota y una Cabrona Millonaria empieza en las promesas que haces.

Si no puedes cumplir...	Mejor proponte...
Ahorrar 15% de mi sueldo cada mes.	Voy a ahorrar cada mes aunque sea un poco, pero sin excepción.
Invertir todo mi dinero y ganar el 12%.	Voy a empezar a invertir poco a poco y a consultar a un asesor.
Seguir al pie de la letra un presupuesto.	Voy a hacer mi presupuesto y si al principio no me funciona, lo ajustaré.
Leer toda la información financiera a mi alrededor.	Voy a empezar a leer la página financiera del periódico.
Reducir el saldo de todas mis tarjetas de crédito.	Voy a reducir el saldo de una de mis tarjetas de crédito, sin aumentar el de las demás.
Jamás pelearme con mi pareja por temas de dinero.	Procurar que las peleas que tenemos por dinero no sean agresivas y que siempre acabemos planteando una solución.

*Hay gente con dinero
y gente que es rica.*
Coco Chanel

◆ Conclusión ...

Y viviste feliz para siempre

¿Ser Cabrona y Millonaria es lo más importante en la vida? Eso tendrás que decidirlo tú.

De lo que yo estoy completamente convencida, por el efecto en mi vida y por lo que he visto en la vida de miles de mujeres que cambian su actitud hacia el dinero, es que es una parte indispensable para ser feliz.

Ser asertiva y tener en tus manos en control de tus finanzas indudablemente te permite tener más y mejores bienes materiales, pero también te otorga libertad, tranquilidad y seguridad. Te convierte en un ejemplo para las demás mujeres, y lo que es más importante, te convierte en un orgullo para ti misma... Sentimientos que, se supone, "el dinero no puede comprar", pero que el buen manejo del dinero *sí* concede.

A fin de cuentas, ser Cabrona y Millonaria definitivamente es mucho mejor que ser agachada y pobre.

Los resultados que vas a obtener si aplicas las reglas de este libro son para el resto de la vida (es como aprender a manejar una bicicleta, lo bien aprendido jamás se olvida... o como el sexo). Si sientes que alguna vez tus finanzas se desvían o se desenfocan, o que las circunstancias de tu vida cambian radicalmente, vuelve a darle un acelerón a tu metabolismo financiero, reanaliza tu situación actual y tus metas y afina las reglas con las que estás manejando el dinero.

A fin de cuentas resulta ser que Walt Disney tenía un poco de razón: los cuentos de hadas sí existen, aun cuando haya estado un poco equivocado en la forma y las condiciones. Puede ser que no caminemos por la vida con pajarillos trinando a nuestro paso (más bien son cláxones); que sea un mito la existencia del cutis perfecto y blanco como la nieve (sin la ayudadita de algunas cremas); o que los finales felices no sean eternos (algunos días son más felices que otros).

Lo que es un hecho es que cada una de nosotras es la princesa de su propio cuento buscando concretar sus sueños, sean los que sean. La diferencia entre el mundo de fantasía y el planeta

Tierra es que en la realidad cada una de nostras es, además de la princesa, también su propia hada madrina, ya que cada una de nosotras tiene en su poder la magia (y el dinero) para convertir sus deseos más grandes en realidad.

Anexo A

Accesorios de moda
para una Cabrona y Millonaria

◆ Una lista de tus objetivos financieros (pegada en un lugar visible) para mantenerte motivada. Algo así como la foto de una modelo en la puerta del refrigerador.

◆ Un archivero u organizador para guardar –¡en orden!– recibos, pólizas, estados de cuenta, contratos y otros documentos financieros. Si tiene llave, mejor.

◆ Fotocopias de todas tus tarjetas de crédito y débito y del contrato de tu chequera con los números de teléfono correspondientes para poder reaccionar rápido en caso de robo o extravío.

◆ Una pequeña tarjeta con el teléfono y nombre de tu agente de seguros y el número de póliza tanto de gastos médicos como de seguro de automóvil (y otros) para poder reaccionar rápido en caso de accidente. Idealmente, debes tener una en tu cartera, otra en casa y otra más en manos de una persona cercana.

◆ Una calculadora. La mayor parte de los cheques devueltos son consecuencia de malas sumas o restas.

◆ Un organizador (calendario o agenda electrónica) en el que apuntes todas tus "fechas financieras": el pago de créditos, cuándo debes recibir los estados de cuenta y el límite de pago de tus tarjetas, cuándo le tienes que hablar a tu asesor para evaluar resultados, a tu agente de seguros para verificar las pólizas... etc. (si es electrónica, puedes programar las actividades que se repiten mes a mes).

◆ Un buen antivirus, indispensable si almacenas cualquier tipo de información financiera en tu computadora o si utilizas el internet para hacer compras o transacciones bancarias.

◆ Una trituradora de papel para evitar que los documentos financieros privados que desechas sean mal utilizados por otras personas.

Anexo B

30 maneras de convertirte en una Cabrona y Millonaria en menos de 30 minutos a la semana. Elige una de estas acciones para realizar cada semana.

1. Haz el ejercicio 1 de este libro: ¿Dónde estás hoy?
2. Haz el ejercicio 2 de este libro: ¿Hacia dónde quieres llegar?
3. Haz tu presupuesto y determina los cambios que vas a hacer en tu manera de gastar.
4. Abre una cuenta de ahorro y una de inversión.
5. Haz una cita con el notario para hacer tu testamento.
6. Aprende a hacer las cuentas de tu chequera.

7. Cancela todas tus tarjetas de crédito, menos una.

8. Dile a tu pareja: "Mi vida, tenemos que hablar… de dinero".

9. Empieza tus compras navideñas ¡en octubre! Recorta a toda la gente a la que sólo le regalas por compromiso.

10. Lee un libro de finanzas (además de éste).

11. Encuentra un buen asesor en inversiones.

12. Haz una cita con tu agente de seguros para revisar y ajustar tus pólizas (o contratar nuevas).

13. Haz cuentas de cuánto necesitas ahorrar para tu retiro y diseña una estrategia para lograrlo.

14. Compra y aprende a usar un programa de finanzas personales que hacen más fácil el control y la organización (como Money o Quicken).

15. Vende los activos que no usas (esa motocicleta de tu época de rebeldía… los palos de golf que sólo están acumulando polvo).

16. Cobra el dinero que te deben.

17. Haz un inventario de tu ropa. Al saber qué es lo que tienes eres menos propensa de caer en la tentación y comprar de más.

18. Planea tus vacaciones con nueve meses de anticipación para obtener mejores precios y promociones.

19. Compra una alcancía para guardar las monedas que saques de tu bolsa cada noche.

20. Organiza que se pueda descontar una parte de tu sueldo automáticamente en tu cuenta de ahorros.

21. Cada tres meses, revisa tu estado de cuenta y reúnete con tu asesor financiero o persona que te atiende en el banco para revisar los resultados y ajustar lo que puede mejorar.

22. Decide junto con tu pareja qué bienes pertenecen a cada quién y escrituren o pongan en orden la propiedad.

23. Ayuda a tus padres a poner sus finanzas en orden.

24. Revisa y actualiza tu agenda para programar los pagos y pendientes financieros de los próximos dos meses.

25. Haz cuentas y retira en una sola vez el efectivo que necesites toda la quincena, así evitarás la lata de ir al cajero y las enormes comisiones.

26. Organiza con tus amigas una clase mensual dedicada a aprender sobre inversiones.

27. Empieza a hablar con tus hijos (no importa su edad) sobre la importancia de manejar bien el dinero.

28. Cambia tus claves y *passwords* de internet, sobre todo de sitios financieros y de compras, para mantener segura y protegida tu información y tu dinero.

29. Una vez al año, vuelve a hacer los ejercicios 1 y 2 de este libro para ver cuánto has avanzado

y poder hacer cambios a tus planes de vida y estrategia de dinero.

30. Haz una lista de todas las cosas buenas que tienes en la vida más allá del dinero y evalúa cómo el que tú manejes bien el dinero puede hacerlas mejores.

Cabrona y Millonaria...

Pero con dudas

Si tienes dudas, comentarios o críticas sobre este libro o cualquier tema financiero, escríbeme a: <adina@doktordinero.com>.

Puedes consultar mi página web: <www.doktor dinero.com>.

Por más duras que sean tus críticas prometo aguantarlas y aprovecharlas como Cabrona.

También puedes consultar mi libro: *Como manejar tu dinero... Sin enloquecer en el intento*, publicado en Planeta, es estupendo... (y no lo digo porque yo lo escribí).